PEQUENO DICIONÁRIO DE IDEIAS AFINS

Hermínio Sargentim

© IBEP, 2011

Gerência editorial	Célia de Assis
Edição	Edgar Costa Silva
Produção editorial	José Antonio Ferraz
Assistência de produção editorial	Eliane M. M. ferreira
Revisão	Enymilia Guimarães
	Lilian Aquino
	Rhodner Paiva
Editoração eletrônica e Projeto gráfico	Figurativa Editorial

CIP-BRASIL. CATALOGAÇÃO-NA-FONTE
SINDICATO NACIONAL DOS EDITORES DE LIVROS, RJ

S251p

Sargentim, Hermínio G. (Hermínio Geraldo), 1946-

    Pequeno dicionário de idéias afins / Hermínio Sargentim. - São Paulo : IBEP, 2011.

    224p. : 19 cm

    ISBN 978-85-342-3072-8

    1. Língua portuguesa - Sinônimos e antônimos - Dicionários. 2. Língua portuguesa - Analogia - Dicionários. I. Título.

11-8000.   CDD: 469.31
                             CDU: 811.134.3'342.621

25.11.11 30.11.11   031584

1ª Reimpressão – 2014
1ª edição – São Paulo – 2011
Todos os direitos reservados
43502

Av. Alexandre Mackenzie, 619 – Jaguaré
São Paulo – SP – 05322-000 – Brasil
Tel.: (11) 2799-7799
www.editoraibep.com.br www.eaprender.com.br
editoras@editoraibep.com.br

APRESENTAÇÃO

PEQUENO DICIONÁRIO DE IDEIAS AFINS

O que é o *Pequeno dicionário de ideias afins*

O *Pequeno dicionário de ideias afins* difere de outros dicionários que você conhece e consulta normalmente. Para explicá-lo, é importante observar as características de outros existentes.

Há vários tipos de dicionários:

1) dicionário de definição;
2) dicionário de sinônimos;
3) dicionário etimológico;
4) dicionário analógico (de ideias afins).

O **dicionário de definição** explica o significado ou os vários significados que uma palavra pode assumir de acordo com o contexto em que é empregada. Observe a palavra **começo** como aparece em um dicionário de definição:

> **co.me.ço** (ê) *s.m.* **1** o primeiro momento; princípio: *o começo da adolescência.* **2** ponto inicial no espaço: *um vulto ali no começo da mata.*

Domingos Paschoal Cegalla. *Dicionário escolar da língua portuguesa*.
São Paulo: Companhia Editora Nacional, 2005.

O **dicionário de sinônimos** especifica o significado particular de cada palavra. **Começo**, **princípio**, **início** são palavras sinônimas. Um dicionário de sinônimos mostra o significado específico de cada uma dessas palavras, orientando seu uso.

> COMEÇO, PRINCÍPIO, INÍCIO
> — *Começo* é a primeira manifestação de existência, o que se faz primeiro, o que é primeiro na extensão ou na duração. *Princípio* é o ato de começar, mas abrangendo a razão em virtude da qual a coisa se faz. *Começar* refere-se de preferência às coisas. *Início* é forma erudita de *começo*.

Antenor Nascentes. *Dicionário de sinônimos*. 3. ed.
Rio de Janeiro: Lexikon, 1981.

O **dicionário etimológico** registra a origem e a história de uma palavra.

> **começar** *vb*. 'iniciar, principiar' XIII. Do lat. vulg. *comĭnĭtĭāre ||
> começADOR XIV || começAMENTO XIII || **começo** XIII || REcomeçar
> 1858.

Antônio Geraldo da Cunha. *Dicionário etimológico da língua portuguesa*.
2. ed. Rio de Janeiro: Lexikon, 1997.

No *Pequeno dicionário de ideias afins*, as palavras são agrupadas de acordo com a área de significado comum. Observe, por exemplo, o conceito das palavras **começo** e **ovo**. Aparentemente, não há entre elas nenhuma relação de significado.*

> **começo:** "o primeiro momento da existência ou da execução duma coisa".
> **ovo:** "célula resultante da fecundação do óvulo por espermatozoide".

No entanto, além desse significado básico, a palavra **ovo** pode sugerir a ideia de "em embrião", "no germe", "no princípio", "na origem", "no início". Há, portanto, entre as palavras **começo** e **ovo** uma área de significado comum. Existe entre elas uma semelhança, uma analogia.

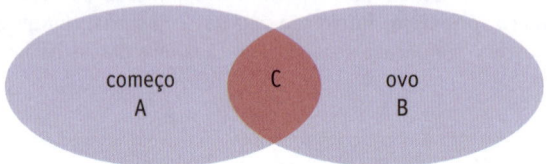

A área de intersecção C é comum a **começo** e a **ovo**. Entre essas palavras, existe uma ideia comum, uma afinidade, uma ideia afim.

O *Pequeno dicionário de ideias afins* agrupa, portanto, palavras que possuem uma área significativa comum.

---

* O *Pequeno dicionário de ideias afins* é conhecido como dicionário analógico por agrupar palavras que apresentam entre si uma analogia, uma semelhança.

Ao procurar neste dicionário a palavra **começo**, você encontrará não apenas sinônimos, mas uma relação de palavras relacionadas à ideia básica de **começo**.

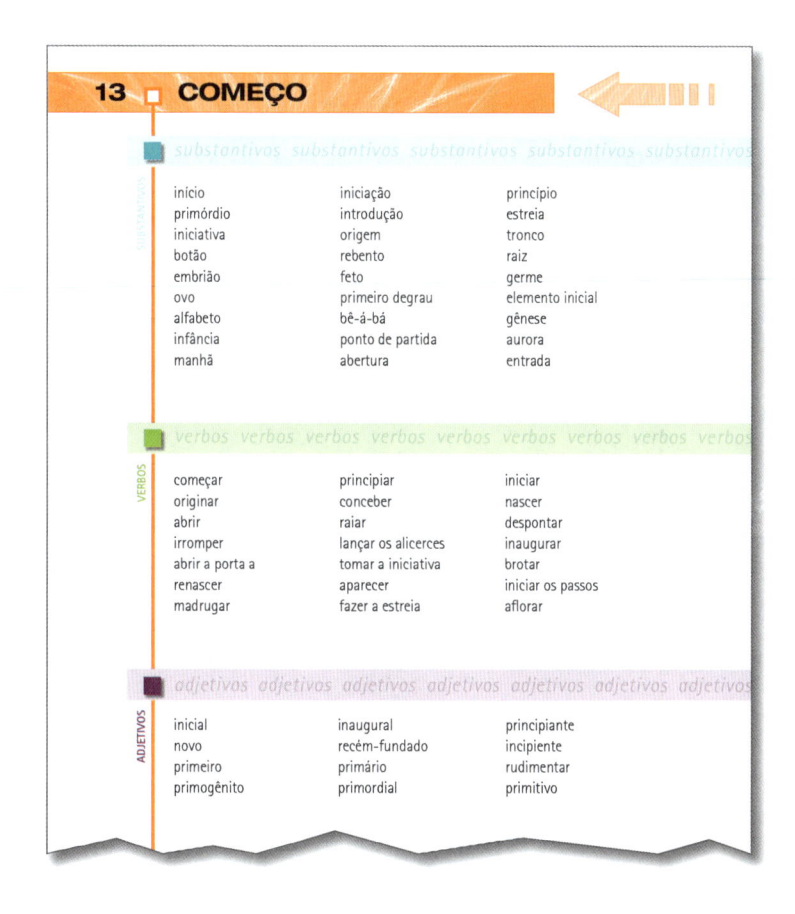

13 COMEÇO

substantivos

início	iniciação	princípio
primórdio	introdução	estreia
iniciativa	origem	tronco
botão	rebento	raiz
embrião	feto	germe
ovo	primeiro degrau	elemento inicial
alfabeto	bê-á-bá	gênese
infância	ponto de partida	aurora
manhã	abertura	entrada

verbos

começar	principiar	iniciar
originar	conceber	nascer
abrir	raiar	despontar
irromper	lançar os alicerces	inaugurar
abrir a porta a	tomar a iniciativa	brotar
renascer	aparecer	iniciar os passos
madrugar	fazer a estreia	aflorar

adjetivos

inicial	inaugural	principiante
novo	recém-fundado	incipiente
primeiro	primário	rudimentar
primogênito	primordial	primitivo

Para que serve o *Pequeno dicionário de ideias afins*

O *Pequeno dicionário de ideias afins* é utilizado especialmente no processo de escrita de um texto. Você pode usá-lo em três momentos da escrita:

1º momento — **Antes de começar a escrever um texto**

Se você for tratar de determinado assunto, pesquise a palavra-chave correspondente. Digamos, por exemplo, que o tema de seu texto esteja relacionado a **guerra**. As palavras referentes à ideia de **guerra** e ao mesmo tempo à ideia contrária, **paz**, podem oferecer e sugerir um corpo de informações que lhe permite escrever com maior facilidade sobre esse assunto.

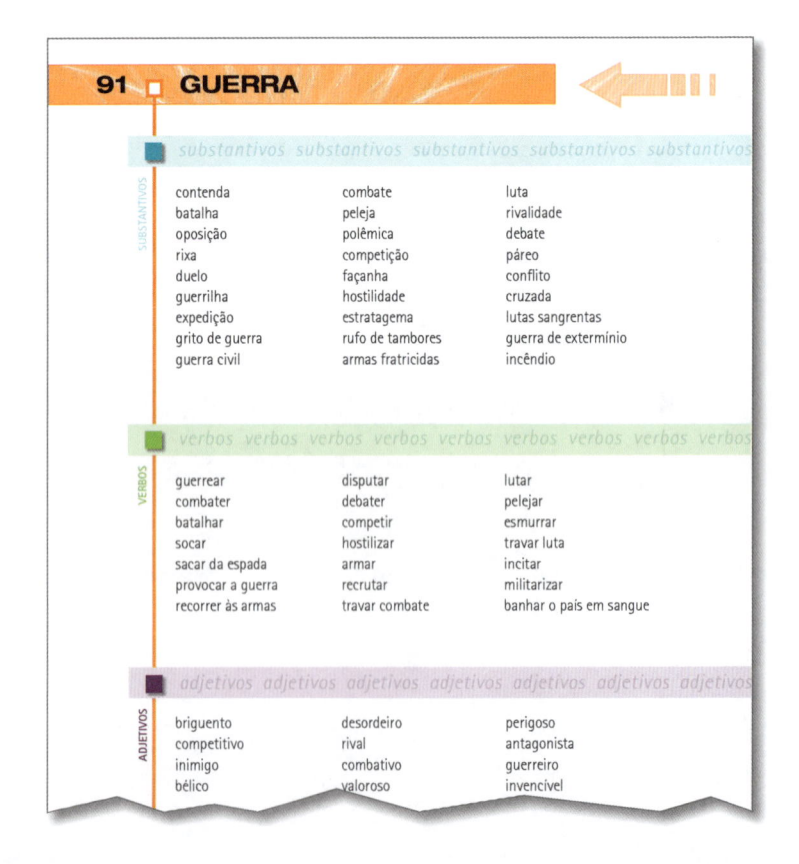

91 ▫ GUERRA

substantivos

contenda	combate	luta
batalha	peleja	rivalidade
oposição	polêmica	debate
rixa	competição	páreo
duelo	façanha	conflito
guerrilha	hostilidade	cruzada
expedição	estratagema	lutas sangrentas
grito de guerra	rufo de tambores	guerra de extermínio
guerra civil	armas fratricidas	incêndio

verbos

guerrear	disputar	lutar
combater	debater	pelejar
batalhar	competir	esmurrar
socar	hostilizar	travar luta
sacar da espada	armar	incitar
provocar a guerra	recrutar	militarizar
recorrer às armas	travar combate	banhar o país em sangue

adjetivos

briguento	desordeiro	perigoso
competitivo	rival	antagonista
inimigo	combativo	guerreiro
bélico	valoroso	invencível

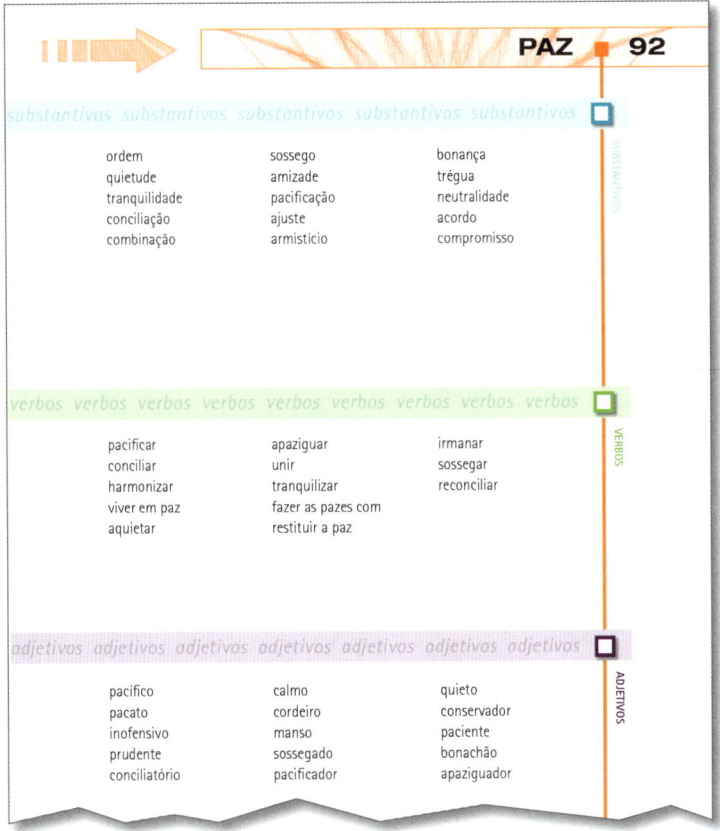

2º momento Durante o processo de escrita de um texto

Você está, por exemplo, contando uma história. No relato dessa história, você pretende dizer que a personagem **Marina** é bonita. É possível escrever simplesmente:

Marina é **bonita**.

Se você for pesquisar no *Pequeno dicionário de ideias afins* a palavra **beleza**, encontrará uma série de palavras que definem com maior precisão essa ideia.

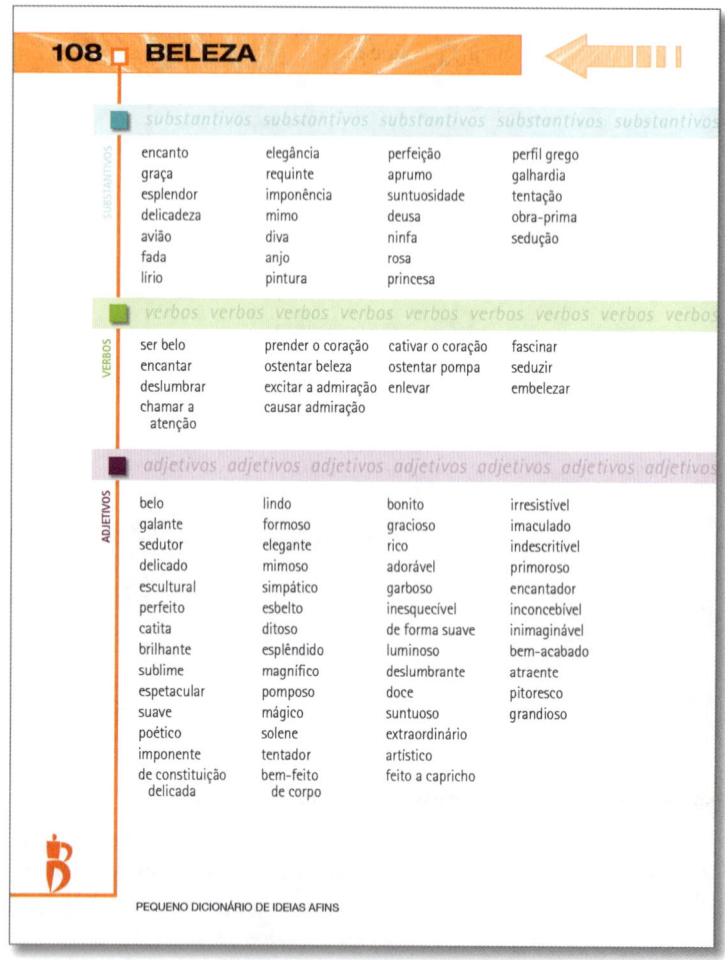

108 ▫ BELEZA

SUBSTANTIVOS

encanto	elegância	perfeição	perfil grego
graça	requinte	aprumo	galhardia
esplendor	imponência	suntuosidade	tentação
delicadeza	mimo	deusa	obra-prima
avião	diva	ninfa	sedução
fada	anjo	rosa	
lírio	pintura	princesa	

VERBOS

ser belo	prender o coração	cativar o coração	fascinar
encantar	ostentar beleza	ostentar pompa	seduzir
deslumbrar	excitar a admiração	enlevar	embelezar
chamar a atenção	causar admiração		

ADJETIVOS

belo	lindo	bonito	irresistível
galante	formoso	gracioso	imaculado
sedutor	elegante	rico	indescritível
delicado	mimoso	adorável	primoroso
escultural	simpático	garboso	encantador
perfeito	esbelto	inesquecível	inconcebível
catita	ditoso	de forma suave	inimaginável
brilhante	esplêndido	luminoso	bem-acabado
sublime	magnífico	deslumbrante	atraente
espetacular	pomposo	doce	pitoresco
suave	mágico	suntuoso	grandioso
poético	solene	extraordinário	
imponente	tentador	artístico	
de constituição delicada	bem-feito de corpo	feito a capricho	

PEQUENO DICIONÁRIO DE IDEIAS AFINS

Essas palavras oferecem possibilidades de organizar a frase de várias formas. Você poderá dizer, por exemplo, que:

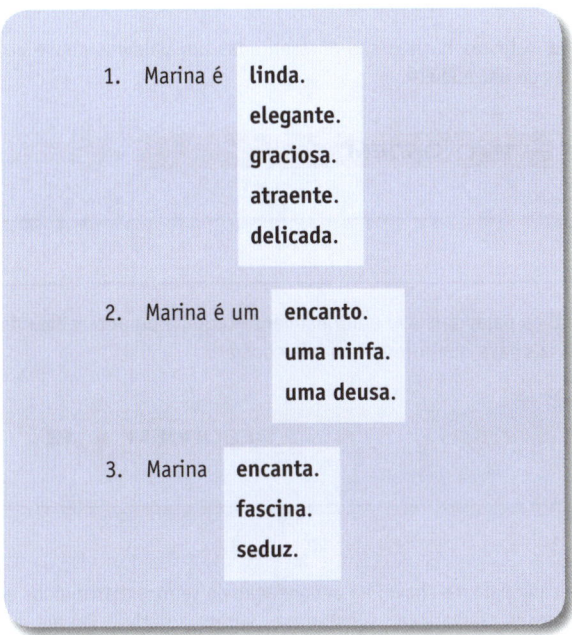

Essas são algumas das muitas possibilidades de como a personagem pode ser apresentada. Evidentemente, você escolherá aquela possibilidade que traduz com precisão o que pretende informar ao leitor.

3º momento   **Depois de ter escrito o rascunho do texto**

Ao fazer a revisão de seu texto, você pode desejar substituir, alterar ou acrescentar uma palavra usando outra de sentido mais específico. O *Pequeno dicionário de ideias afins* lhe oferece a oportunidade de encontrar a palavra exata.

Como usar o *Pequeno dicionário de ideias afins*

As palavras básicas são apresentadas por palavras-chave acompanhadas de um número.

Uma palavra-chave é normalmente seguida ou antecedida de outra palavra-chave que informa a ideia contrária.

Para cada palavra-chave, há uma relação de termos distribuídos geralmente em três classes gramaticais: substantivo, verbo, adjetivo. Em alguns casos há também advérbios.

No índice, todas as palavras apresentadas neste dicionário estão em ordem alfabética. Cada uma delas é seguida de um número correspondente à palavra-chave em que está localizada. Se você pretende, por exemplo, localizar a palavra **calado**, o índice registra:

calado, 64

Você encontrará a palavra **calado** no número 64, cuja palavra-chave é **silêncio**.

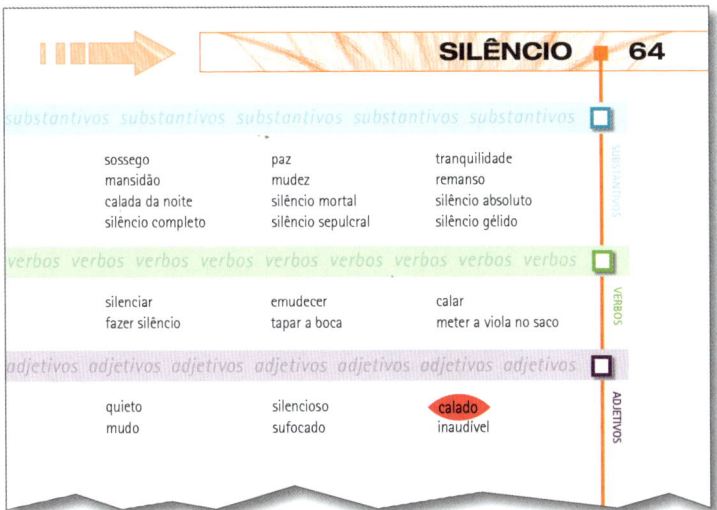

Um vocábulo pode aparecer em mais de uma palavra-chave. Nesse caso, o índice mostra sua localização de acordo com o significado.

Nas expressões, a palavra básica é substituída por um travessão. Observe como a palavra **cabeça** é indicada nas várias expressões constantes deste dicionário.

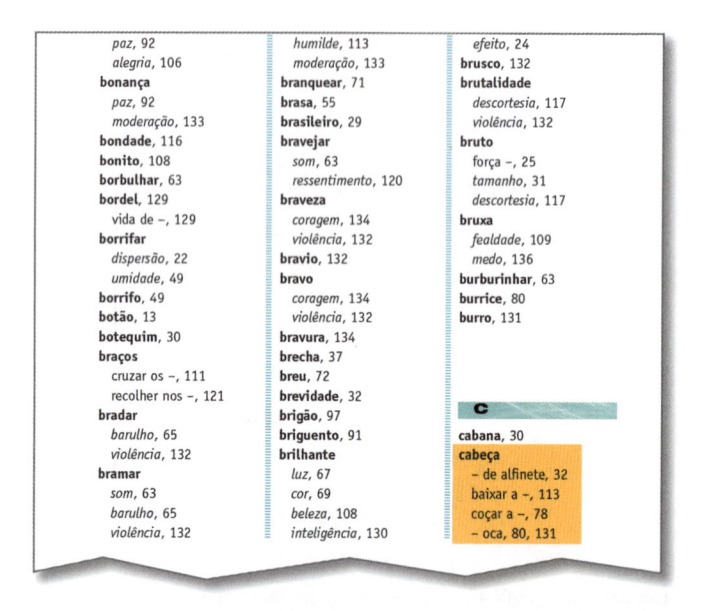

```
paz, 92                humilde, 113           efeito, 24
alegria, 106           moderação, 133         brusco, 132
bonança                branquear, 71          brutalidade
  paz, 92              brasa, 55                descortesia, 117
  moderação, 133       brasileiro, 29           violência, 132
bondade, 116           bravejar               bruto
bonito, 108              som, 63                força –, 25
borbulhar, 63            ressentimento, 120     tamanho, 31
bordel, 129            braveza                  descortesia, 117
  vida de –, 129         coragem, 134         bruxa
borrifar                 violência, 132         fealdade, 109
  dispersão, 22        bravio, 132              medo, 136
  umidade, 49          bravo                  burburinhar, 63
borrifo, 49              coragem, 134         burrice, 80
botão, 13                violência, 132       burro, 131
botequim, 30           bravura, 134
braços                 brecha, 37
  cruzar os –, 111     breu, 72
  recolher nos –, 121  brevidade, 32
bradar                 brigão, 97                       C
  barulho, 65          briguento, 91
  violência, 132       brilhante              cabana, 30
bramar                   luz, 67              cabeça
  som, 63                cor, 69                – de alfinete, 32
  barulho, 65            beleza, 108            baixar a –, 113
  violência, 132         inteligência, 130      coçar a –, 78
                                                – oca, 80, 131
```

No índice, as palavras-chave aparecem destacadas em azul.

Para localizar uma palavra no *Pequeno dicionário de ideias afins*, guie-se pelo índice. Caso não encontre essa palavra, procure outra sinônima.

O *Pequeno dicionário de ideias afins* é um amigo no processo da escrita. Quanto mais você se aproximar dele, mais ele lhe será útil. Existem escritores que convivem diariamente com esse tipo de dicionário. Transformam-no em livro de cabeceira.

Na convivência com as palavras, você ampliará seu universo vocabular e, certamente, adquirirá uma comunicação mais precisa.

O autor

PEQUENO
DICIONÁRIO DE IDEIAS AFINS

1 TODO

substantivos

totalidade	conjunto	integridade
total	plenitude	coletividade
universalidade	unidade	tudo

verbos

formar	integrar	inteirar
unificar	tornar uno	totalizar

adjetivos

todo	total	íntegro
integral	inteiro	global
indivisível	indissolúvel	

PARTE 2

substantivos

punhado	porção	partícula
particularidade	trecho	segmento
parcela	dose	metade
episódio	membro	sucursal
filial	departamento	seção

verbos

partir	cortar	repartir
estilhaçar	ramificar	parcelar
fracionar	tesourar	desfazer
desmantelar	esmigalhar	fragmentar

adjetivos

parcial	parcelado	fragmentado
cortado	retalhado	dividido

PEQUENO DICIONÁRIO DE IDEIAS AFINS

3 IGUALDADE

substantivos

SUBSTANTIVOS

simetria
identidade
parelha
irmão

equivalência
similaridade
companheiro
competidor

equilíbrio
nivelamento
confrade
rival

verbos

VERBOS

equiparar-se
nivelar-se
estar em equilíbrio
emparelhar
nivelar

valer tanto como
ombrear-se
tornar igual
equiparar
compensar

rivalizar-se
ser da mesma laia
igualar
equilibrar
balançar

adjetivos

ADJETIVOS

igual
equivalente
simétrico

idêntico
equidistante
sinônimo

irmão
homogêneo
equiparável

DESIGUALDADE 4

SUBSTANTIVOS

desequilíbrio
diferença
superioridade
assimetria

desproporção
desacordo
inferioridade

disparidade
parcialidade
irregularidade

VERBOS

ser desigual
desequilibrar

tornar desigual
desigualar

sair perdendo
desnivelar

ADJETIVOS

desigual
inferior
assimétrico

diferente
superior

desproporcional
irregular

PEQUENO DICIONÁRIO DE IDEIAS AFINS

5 GRANDEZA

substantivos

quantidade	multidão	imensidão
imensidade	amplidão	enormidade
poder	força	intensidade
o máximo	monte	tonelada

verbos

ser grande	aumentar	transcender
ir longe	avultar	perder-se de vista

adjetivos

grande	volumoso	amplo
largo	vasto	abundante
cheio	pleno	completo
profundo	alto	imenso
enorme	monstruoso	monumental
estupendo	surpreendente	grosso
infinito	ilimitado	imponente
extraordinário	descomedido	gigantesco

PEQUENO DICIONÁRIO DE IDEIAS AFINS

POUQUIDÃO 6

substantivos

pequenez
irrelevância
pedacinho

pouquinho
escassez
grão

insignificância
pobreza
gota

verbos

diminuir
escassear
contrair

adjetivos

pouco
modesto
baixo
frágil
miserável

escasso
diminuto
tênue
ínfimo
mero

irrisório
insignificante
débil
sofrível
simples

PEQUENO DICIONÁRIO DE IDEIAS AFINS

7 SUPERIORIDADE

substantivos

grandeza
hegemonia
império
supremacia
vitória
transcendência
predomínio
primazia
domínio
preeminência
clímax
vanguarda
preponderância
reino
liderança
vantagem
zênite
dianteira

verbos

ser superior
ser mais que
ultrapassar
aprimorar
suplantar
aumentar
levar vantagem
exceder
transcender
ganhar a todos
ofuscar
dominar
ter primazia
preferir
deixar atrás
vencer
não temer concorrência
prevalecer
superar
expandir-se
ter preferência

adjetivos

superior
primeiro
grande
principal
poderoso
invencível
insuperável
supremo
mais alto
soberano
essencial
sem rival
inigualável
invicto
maior
mais elevado
absoluto
preponderante
sem paralelo
inconfundível

PEQUENO DICIONÁRIO DE IDEIAS AFINS

INFERIORIDADE 8

substantivos

subordinação
deficiência
desvantagem

baixeza
minoria
derrota

sujeição
imperfeição
desvalorização

verbos

ser inferior
levar desvantagem
desvalorizar

carecer de importância
perder terreno
depreciar

estar abaixo de
depender
diminuir

adjetivos

inferior
derradeiro
subalterno
vulgar
ínfimo
tosco
imperfeito

menor
último
diminuído
comum
secundário
malfeito
desprezível

menos
subordinado
mínimo
reles
barato
defeituoso

PEQUENO DICIONÁRIO DE IDEIAS AFINS

9 AUMENTO

substantivos

majoração
ampliação
expansão
desenvolvimento
proliferação
prosperidade

ascensão
amplificação
progresso
duplicação
progressão
reforço

subida
dilatação
crescimento
triplicação
agravamento
propagação

verbos

aumentar
subir
avolumar-se
propagar-se
chegar ao auge
acumular
engrandecer
impulsionar
triplicar
majorar

crescer de vulto
alargar-se
fortalecer-se
alastrar-se
ampliar
enriquecer
aprofundar
intensificar
quadruplicar
exagerar

crescer
dilatar-se
robustecer-se
multiplicar-se
amplificar
engrossar
elevar
duplicar

adjetivos

aumentado
progressivo

aumentativo
crescente

adicional
amplificável

PEQUENO DICIONÁRIO DE IDEIAS AFINS

DIMINUIÇÃO 10

SUBSTANTIVOS

decréscimo
simplificação
baixa
restrição
empobrecimento
depreciação

redução
subtração
desfalque
limitação
decadência
deterioração

queda
encolhimento
descida
enfraquecimento
amputação
escassez

VERBOS

diminuir
definhar
abaixar
resumir
encurtar
limitar
enfraquecer
subtrair

decrescer
minguar
decair
abreviar
amputar
restringir
simplificar
podar

desfalcar-se
contrair
condensar
mutilar
retirar
estreitar
minimizar

ADJETIVOS

diminuído

diminuto

redutível

PEQUENO DICIONÁRIO DE IDEIAS AFINS

11 ORDEM

substantivos

regularidade
correspondência
ciclo
gradação
grau
cadência
compasso
sistema

harmonia
simetria
classificação
graduação
progressão
rotina
disciplina
seriação

proporcionalidade
arranjo
regra
passo
ritmo
método
disposição
alinhamento

verbos

estar em ordem
enfileirar-se
funcionar regularmente

ficar em ordem
acomodar-se
formar

estar em regra

adjetivos

ordenado
simétrico
enfileirado
gradativo
seriado
normal
ritmado

regulado
organizado
sistemático
graduado
disciplinar
simples
bem-disposto

gradual
serial
uniforme
rítmico
metódico

DESORDEM

substantivos

desarranjo
anomalia
transtorno
assimetria
trapalhada
complicação
pandemônio
carnaval
Babilônia
arruaça
escarcéu

irregularidade
confusão
desmantelo
desalinho
balbúrdia
labirinto
tumulto
alvoroço
agitação
alarido
algazarra

descompasso
anarquia
desacordo
indiscriminação
promiscuidade
caos
orgia
Babel
motim
celeuma

verbos

desorganizar
estar tudo
   desorganizado

ficar em desordem
estar de pernas
   para o ar

estar em desordem
estar às avessas

adjetivos

desordenado
descompassado
emaranhado
desarranjado
promíscuo

irregular
anárquico
caótico
complicado
tumultuoso

assimétrico
anormal
confuso
babilônico
perplexo

13 COMEÇO

substantivos

início	iniciação	princípio
primórdio	introdução	estreia
iniciativa	origem	tronco
botão	rebento	raiz
embrião	feto	germe
ovo	primeiro degrau	elemento inicial
alfabeto	bê-á-bá	gênese
infância	ponto de partida	aurora
manhã	abertura	entrada

verbos

começar	principiar	iniciar
originar	conceber	nascer
abrir	raiar	despontar
irromper	lançar os alicerces	inaugurar
abrir a porta a	tomar a iniciativa	brotar
renascer	aparecer	iniciar os passos
madrugar	fazer a estreia	aflorar

adjetivos

inicial	inaugural	principiante
novo	recém-fundado	incipiente
primeiro	primário	rudimentar
primogênito	primordial	primitivo

PEQUENO DICIONÁRIO DE IDEIAS AFINS

 **FIM** 14

substantivos

encerramento	término	último degrau
limite	etapa derradeira	fronteira
barreira	meta	cauda
fundo	remate	dia do juízo final
despedida	o apagar das luzes	agonia
crepúsculo	ocaso	apoteose
finalização	acabamento	parada
foz	desembocadura	tiro de misericórdia

verbos

findar	finalizar	acabar
terminar	parar	cessar
agonizar	finar	expirar
ter seu desfecho	sumir-se	desaparecer
desaguar	desembocar	diluir-se
completar	coroar	pôr fim
chegar a bom termo	pôr um freio	

adjetivos

findo	final	terminal
definitivo	último	derradeiro
posterior	póstumo	terminado

PEQUENO DICIONÁRIO DE IDEIAS AFINS

15 ◘ MANHÃ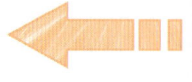

substantivos

madrugada	primeira raiada	alvor
alva	antemanhã	nascer do sol
ponta do dia	alvorada	aurora
primeiro alvor	crepúsculo	primeiro raio
da manhã	matutino	de luz

verbos

alvorecer	amanhecer	romper o dia
raiar	despontar	aparecer
surgir	brilhar	clarear

adjetivos

matinal	matutino	auroral

advérbios

ao romper da manhã	de manhãzinha	ao cantar do galo
ao sair do sol	ao levantar do sol	com o sol empinado

PEQUENO DICIONÁRIO DE IDEIAS AFINS

TARDE — 16

SUBSTANTIVOS

declinar do dia
sol-posto
Vésper
desmaiar do dia
noitinha

crepúsculo
sol poente
véspera
boca da noite
lusco-fusco

pôr do sol
arrebol
ave-maria
o anoitecer

VERBOS

entardecer
ir caindo a tarde
constelar

anoitecer
morrer
estrelar

escurecer
descer o dia
surgir a estrela vespertina

ADJETIVOS

vesperal
crepuscular

vespertino
noctívago

noturno
tenebroso

ADVÉRBIOS

ao cair do sol
à boca da noite

ao cair das trevas
ao anoitecer

à tarde
ao lusco-fusco

PEQUENO DICIONÁRIO DE IDEIAS AFINS

17 INFÂNCIA

substantivos

idade pueril	idade juvenil	aurora da existência
mocidade	tenra idade	a flor dos anos
a idade da inocência	primeira idade	primeira infância

verbos

estar na flor dos anos	balbuciar	andar no colo
mamar	amamentar	ser nascido ontem

adjetivos

jovem	juvenil	infantil
pueril	pequeno	pequenino
inocente	imberbe	recém-nascido
desmamado	júnior	filho

VELHICE 18

SUBSTANTIVOS

senilidade
o peso dos anos
cabelos brancos

idade avançada
idade madura
inverno da vida

crepúsculo da vida

VERBOS

envelhecer
estar com um pé na cova
caducar

ir em decadência
render-se aos anos
cobrir-se de cãs

estar um caco
estar acabado
agrisalhar-se

ADJETIVOS

velho
ancião
octogenário
aposentado

idoso
envelhecido
alquebrado
sênior

senil
caduco
abatido
patriarcal

PEQUENO DICIONÁRIO DE IDEIAS AFINS

19 ◻ MUDANÇA

substantivos

alteração
variação
evolução
passagem

transformação
modificação
inovação
metamorfose

movimento
metabolismo
transição
reviravolta

verbos

mudar
crescer
virar
transformar
operar uma
  transformação

alterar
diversificar
girar
transfigurar
virar uma nova
  página

variar
modificar
permutar
mudar de rumo
apresentar outro
  cenário

adjetivos

mudado

mutável

modificável

PEQUENO DICIONÁRIO DE IDEIAS AFINS

PERMANÊNCIA 20

SUBSTANTIVOS

estabilidade	quietude	persistência
resistência	conservação	estagnação
manutenção	preservação	constância
imobilismo	rotina	monotonia

VERBOS

ser imutável	continuar na mesma	persistir
resistir	manter o mesmo	fossilizar-se
ficar	não ceder um passo	não alterar uma linha
conservar-se	permanecer	estacionar
durar	estagnar-se	

ADJETIVOS

estável	persistente	infindo
contínuo	constante	perene
inalterável	permanente	efetivo
estabelecido	intato	inviolável
ileso	incólume	monótono
imutável	fixo	estacionário

21 REUNIÃO

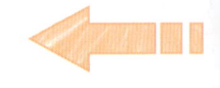

substantivos

concentração
série
grupo
colheita
agrupamento
união
congresso
esquadra
arquipélago
antologia

coleção
coligação
bando
ajuntamento
congregação
comício
convenção
exército
feixe
constelação

jogo
complexo
leva
montão
conjunto
assembleia
companhia
multidão
rebanho
massa popular

verbos

reunir
ajuntar
concentrar
amontoar

agrupar
incorporar
englobar
somar

juntar
congregar
colecionar
recolher

adjetivos

agrupado
apertado
populoso

reunido
cheio
denso

compacto
repleto

PEQUENO DICIONÁRIO DE IDEIAS AFINS

DISPERSÃO 22

SUBSTANTIVOS

debandada
ramificação
distribuição

fuga
desperdício
partilha

derrama
propagação
estouro da boiada

VERBOS

dispersar
vagar
desmembrar
infestar
dissolver
atirar aos ventos

derramar
espalhar
grassar
contagiar
semear
borrifar

alastrar
disseminar
repartir
infiltrar-se
difundir
esparzir

ADJETIVOS

disperso
erradio
desgarrado
epidêmico

separado
errático
esparso
pegadiço

extraviado
avulso
contagioso
errante

PEQUENO DICIONÁRIO DE IDEIAS AFINS

23 CAUSA

substantivos

motivo
proveniência
mãe
razão
força motriz
base
gênese
berço

origem
vida
nascimento
causa geradora
primórdio
matriz
paternidade
foco

procedência
princípio
fator
agente
alicerce
manancial
embrião
causalidade

verbos

ser a causa de
trazer
implicar
dar motivo
redundar em
induzir

causar
ocasionar
originar
trazer no bojo
ser a causa determinante
gerar

decidir
acarretar
dar origem
ser responsável por
fomentar
motivar

adjetivos

causal
primordial
causador

original
matriz
determinante

primitivo
fundamental

EFEITO 24

SUBSTANTIVOS

consequência
fruto
desfecho
produto

resultado
remate
epílogo
reflexo

desenlace
conclusão
repercussão

VERBOS

ser o efeito de
originar-se de
nascer
sair
proceder

ser o reflexo de
ter origem
brotar
resultar
provir

traduzir
ser consequência de
ser proveniente de
derivar
advir

ADJETIVOS

devido a
natural de
originário
derivado de

resultante de
procedente
provindo
oriundo de

proveniente de
causado por
consequente
vindo de

ADVÉRBIOS

graças a
naturalmente
como consequência

por força
logicamente
em consequência

fatalmente
necessariamente
por consequência

PEQUENO DICIONÁRIO DE IDEIAS AFINS

25 FORÇA

substantivos

fortaleza
capacidade
poder
força muscular
solidez
constituição atlética
firmeza
aço
gigante
Hércules
tenacidade
resistência
energia
força bruta
corpulência
robustez
diamante
carvalho
touro
Golias
vigor
vitalidade
força física
potência
virilidade
rijeza
ferro
granito
Atlas

verbos

ser forte
fortalecer
masculinizar
reconstituir
solidificar
proteger
ser homem de nervo
revigorar
reforçar
robustecer
consolidar
abrigar
ser de ferro
nutrir
reanimar
enrijecer
alicerçar
defender

adjetivos

forte
valoroso
sólido
férreo
invencível
soberano
indomável
atlético
possante
vigoroso
resistente
irresistível
inquebrantável
irredutível
macho
poderoso
másculo
durável
invicto
esmagador
onipotente
musculoso

PEQUENO DICIONÁRIO DE IDEIAS AFINS

FRAQUEZA 26

substantivos

debilidade
desalento
apatia
atrofia
fragilidade
declínio
delicadeza
impotência

frouxeza
languidez
morbidez
enfermidade
flacidez
perda
invalidez
compleição fraca

lassidão
desânimo
enfraquecimento
feminilidade
inatividade
diminuição
anemia
pessoa magra

verbos

ser fraco
fraquejar
perder o vigor
emagrecer
atrofiar

vacilar
desfalecer
murchar-se
deperecer
afrouxar

desmaiar
definhar
enfraquecer
efeminar

adjetivos

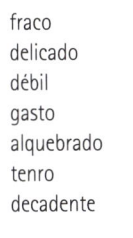

fraco
delicado
débil
gasto
alquebrado
tenro
decadente

grácil
fino
tênue
mole
enfraquecido
vacilante
murcho

delgado
frágil
impotente
abatido
franzino
lânguido
debilitado

PEQUENO DICIONÁRIO DE IDEIAS AFINS

27 □ PRODUÇÃO

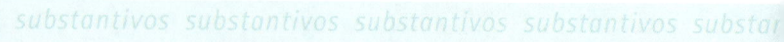

substantivos

geração	criação	colaboração	trabalho
formação	construção	fábrica	fruto
confecção	artifício	manufatura	obra
arquitetura	fundação	organização	mão de obra
fundição	estabelecimento	instituição	produto
artefato	obra manual	obra de arte	publicação
parto	nascimento	gravidez	gênese
desenvolvimento	gestação	evolução	paternidade

verbos

produzir	fazer nascer	aparecer	ornar
realizar	operar	obrar	confeccionar
fazer	causar	formar	florir
criar	manufaturar	instaurar	desenvolver-se
erguer	erigir	prosperar	compor
construir	fabricar	edificar	medrar
inventar	multiplicar	preparar	florescer
tecer	forjar	urdir	incubar
fundir	cunhar	amoedar	organizar
entalhar	esculpir	cinzelar	crescer
estabelecer	instituir	fundar	frutificar
constituir	povoar	enriquecer	
parir	dar à luz	perpetuar	
desovar	propagar	lançar os alicerces	

adjetivos

produzido	produtor	produtivo	gestante
genitor	fecundo	gerador	arquitetônico
criador	criativo	formador	
genético	reprodutor	frutífero	

PEQUENO DICIONÁRIO DE IDEIAS AFINS

DESTRUIÇÃO 28

SUBSTANTIVOS

estrago
aniquilamento
dilaceração
desmoronamento
derrocada
desolação
morte
demolição

dissolução
ruína
ruptura
perdição
prostração
extinção
golpe
supressão

aniquilação
rompimento
queda
destroço
naufrágio
eliminação
condenação
abolição

vandalismo
mudança violenta
a caminho da ruína
revogação
devastação
incêndio

VERBOS

ser destruído
aniquilar-se
ruir por terra
espatifar-se
anular
derrocar
rasgar
limpar
gastar
quebrar
derrotar
dissipar
suprimir
riscar
dissolver
deitar por terra
sufocar

perecer
soçobrar
desaparecer
esfacelar-se
sacrificar
demolir
desmanchar
vassourar
desmoronar
destroçar
degolar
extinguir
arruinar
apagar
esmigalhar
despovoar
debelar

reduzir-se a pó
quebrar-se
destruir
desfazer
dilacerar
desarmar
varrer
dispersar
triturar
dar sumiço a
abalar
expelir
consumir
desorganizar
domar
extirpar
incinerar

dinamitar
inutilizar
minar
queimar
banir
desmantelar
incendiar
devorar
solapar
exterminar
engolir
cortar pela raiz
roçar
infestar
proscrever

ADJETIVOS

destruidor
fulminante

destrutivo
voraz

subversivo
destruído

PEQUENO DICIONÁRIO DE IDEIAS AFINS

29 HABITANTE

substantivos

morador	alma	povoador
pessoa	ocupante	posseiro
colono	colonizador	hóspede
residente	inquilino	locatário
arrendatário	vigia	rendeiro
fazendeiro	intruso	cidadão
insulano	citadino	paroquiano
munícipe	provinciano	agricultor
caiçara	capiau	groteiro
matuto	roceiro	sertanejo
vilão	aborígine	autóctone
silvícola	imigrante	emigrado
estrangeiro	europeu	asiático
americano	africano	população
povo	compatriota	patrício

adjetivos

indígena	nativo	brasileiro
nacional	pátrio	matuto
português	doméstico	
domiciliado	autóctone	

PEQUENO DICIONÁRIO DE IDEIAS AFINS

MORADA 30
(LUGAR DE HABITAÇÃO)

substantivos

casa	habitação	residência	rua
botequim	vivenda	mansão	galeria
estância	lar	endereço	travessa
domicílio	quartel	edifício	arredores
castelo	palácio	palacete	jardim
arranha-céu	paço	senzala	hotel
trono	pátria	berço	albergue
lar doméstico	ninho materno	casa paterna	alameda
imóvel	domicílio paterno	teto	artéria
pousada	abrigo	recinto	bairro
chácara	fazenda	sítio	vestíbulo
cabana	granja	choça	parque
chalé	choupana	cortiço	hospedagem
propriedade	bangalô	prédio	estalagem
sobreloja	favela	pátio	avenida
alpendre	compartimento	quarto	beco
povoação	varanda	sacada	subúrbio
localidade	povoado	lugarejo	cárcere
cidade	arraial	aldeia	clube
corte	capital	metrópole	
província	viela	taverna	

adjetivos

urbano	metropolitano	familiar
doméstico	habitacional	rústico
suburbano	rural	caseiro

PEQUENO DICIONÁRIO DE IDEIAS AFINS

31 TAMANHO

substantivos

grandeza	enormidade	magnitude
dimensão	extensão	volume
vulto	grossura	largura
quantidade	amplidão	amplitude
vastidão	estatura	capacidade
porte	tonelagem	lotação
dilatação	corpanzil	corpulência
obesidade	gordura	monstruosidade
força	gigante	titã
Golias	monstro	elefante
hipopótamo	grandalhão	mulherão
montanha	muralha	

verbos

ser grande	tornar-se grande	dilatar-se
crescer	avultar	engrandecer

adjetivos

grande	desproporcional	disforme
vultoso	descomedido	monumental
bruto	considerável	largo
de grande vulto	amplo	grosso
espaçoso	poderoso	robusto
massudo	corpulento	repolhudo
forte	obeso	espadaúdo
reforçado	musculoso	vasto
carnudo	imenso	monstruoso
estupendo	descomunal	gigantesco
enorme	agigantado	

PEQUENO DICIONÁRIO DE IDEIAS AFINS

PEQUENEZ 32

SUBSTANTIVOS

- baixeza
- estreiteza
- pigmeu
- catatau
- formiga
- ponto
- átomo
- pó
- raquitismo
- retalho
- cotó
- pipa
- mosquito
- pingo
- fragmento
- cabeça de alfinete
- brevidade
- anão
- manequim
- criança
- pulga
- molécula
- grãozinho
- microscópio

VERBOS

- ser pequeno
- diminuir
- contrair-se

ADJETIVOS

- pequeno
- limitado
- miúdo
- minúsculo
- ressequido
- invisível
- microscópico
- minguado
- pequenino
- restrito
- diminutivo
- nanico
- mirrado
- atômico
- milimétrico
- magro
- *mignon*
- portátil
- pequeníssimo
- de baixa estatura
- raquítico
- embrionário
- estreito
- contraído

PEQUENO DICIONÁRIO DE IDEIAS AFINS

33 DISTÂNCIA

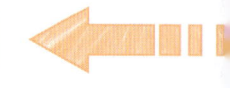

substantivos

extensão	afastamento	apogeu
extremo oriente	extremo ocidente	extremo sul
confins	fim do mundo	calcanhar de judas

verbos

estar distante	sumir-se	azular no horizonte
conservar-se afastado	perder de vista	estar fora do alcance
afastar-se	distanciar-se	ir-se

adjetivos

distante	longínquo	remoto
afastado	perdido	sumido
retirado	vasto	invisível

advérbios

afastadamente	além	muito além
longe	lá mais adiante	a perder de vista
acolá	lá fora	fora de mão
a grande distância de	longe de	de norte a sul

PEQUENO DICIONÁRIO DE IDEIAS AFINS

PROXIMIDADE 34

SUBSTANTIVOS

vizinhança	adjacência	contiguidade
vizinho	arredores	subúrbio
fronteira	cercania	

VERBOS

estar perto	bater à porta	aproximar-se
abeirar-se	estar ao alcance de	ficar a poucos passos de

ADJETIVOS

próximo	achegado	rente
contíguo	avistável	

ADVÉRBIOS

proximamente	perto	junto a
a pouca distância de	de perto	ao lado de
à mão	ao alcance de	à queima-roupa
aqui	a poucos passos de	à beira de
ao redor de	lado a lado	cara a cara
em torno	em volta	obra de
em redor	ao longo de	rente de, a, com
na ponta da língua	cerca de	
em companhia de	aquém	

PEQUENO DICIONÁRIO DE IDEIAS AFINS

35 SIMETRIA
(REGULARIDADE DE FORMA)

substantivos

regularidade
ordem
proporção harmoniosa
harmonia
correção
paralelismo
beleza
acordo
equilíbrio
perfeição
proporcionalidade

adjetivos

simétrico
bem-proporcionado
perfeito
belo
bem-acabado
proporcional
harmonioso
bem-feito
correto
compassado

ASSIMETRIA · 36

substantivos

disformidade	narigão	imperfeição
tortuosidade	desproporção	descompasso
defeito	monstro	

verbos

violar a simetria	contorcer	desproporcionar

adjetivos

irregular	assimétrico	desarmônico
monstruoso	desarmonioso	descompassado
defeituoso	disforme	deformado
oblíquo	torto	bronco
grosseiro	amorfo	bojudo
barrigudo	pançudo	beiçudo
narigudo	pernudo	banguelo
papudo	testudo	desdentado
feio	pescoçudo	
magro	mãozudo	

ABERTURA

substantivos

brecha	fresta	fenda
frincha	furo	cova
rombo	vão	janela
entrada	porta	orifício
boca	passagem	caminho
vereda	travessia	chaminé
canal	ferida	túnel

verbos

estar aberto	abrir	desimpedir
entreabrir	rasgar	perfurar
descerrar	ventilar	arejar
furar	cavar	picar
penetrar	atravessar	enfiar
desentupir	desobstruir	desbloquear

adjetivos

aberto	escancarado	ventilado
esburacado	entreaberto	desimpedido
acessível	permeável	poroso
roto	descampado	

PEQUENO DICIONÁRIO DE IDEIAS AFINS

FECHAMENTO 38

SUBSTANTIVOS

obstrução	entupimento	bloqueio
cerco	sítio	trancamento
impermeabilidade	calafetagem	chave
tranca	trinco	obturação

VERBOS

fechar	cerrar	vedar
barrar	cercar	bloquear
isolar	entupir	enclausurar
trancar	represar	abotoar

ADJETIVOS

fechado	cerrado	impenetrável
inacessível	intransponível	intransitável

PEQUENO DICIONÁRIO DE IDEIAS AFINS

39 MOVIMENTO

substantivos

agitação
travessura
tropelia
vinda
vaivém
marcha
caminhada
trajeto
locomoção

inquietação
traquinice
deslocamento
curso
evolução
jornada
progressão
trajetória
trânsito

desassossego
traquinada
ida
carreira
passo
andar
percurso
velocidade
cadência

verbos

estar em movimento
mexer-se
dar sinal de vida
apressar-se
voar
remar
peregrinar
impulsionar

deslocar-se
agitar-se
locomover-se
mover-se
esvoaçar
correr
percorrer
mobilizar

remexer-se
movimentar-se
caminhar
transitar
pairar
divagar
acionar
imprimir movimento

REPOUSO — 40

substantivos

calma	imobilidade	quietude
sossego	tranquilidade	estagnação
inércia	apatia	parada
paralisação	paralisia	imobilização
paz	remanso	calmaria
silêncio	sono	pausa
demora	porto	pousada

verbos

estar quieto	repousar	descansar
jazer	dormir	adormecer
ficar imóvel	permanecer imóvel	imobilizar-se
estacionar	parar	estacar
demorar-se	enferrujar-se	estagnar
acalmar	abrandar	aquietar
sossegar	deter	

adjetivos

quieto	tranquilo	sossegado
imóvel	inativo	acalmado
hirto	fixo	sedentário
estacionário	firme	estático
estagnado	morto	imutável

PEQUENO DICIONÁRIO DE IDEIAS AFINS

41 VELOCIDADE

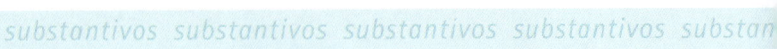

substantivos

ligeireza
carreira vertiginosa
disparada
relâmpago
vento
esquilo
corcel

rapidez
precipitação
corrida
raio
ventania
destreza
bala

voo
galope
luz
foguete
corça
flecha
lebre

verbos

ser veloz
disparar
fugir
pular
galopar

mover-se
  rapidamente
voar
safar-se
correr

correr como
  um doido
saltar
acelerar

adjetivos

veloz
célere
impetuoso
rápido
ligeiro

violento
apressado
ágil
esperto
fugaz

fugidio
fugitivo
elétrico
telegráfico
voador

LENTIDÃO 42

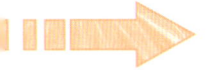

SUBSTANTIVOS

vagar
vagareza
lassidão
tartaruga

morosidade
demora
preguiça
passo curto

sossego
sonolência
mansidão
lesma

VERBOS

ser vagaroso
atrasar-se
diminuir
afrouxar o passo

claudicar
recuar-se
moderar a velocidade
compassar

arrastar os pés
afrouxar
refrear
perder terreno

ADJETIVOS

vagaroso
moroso
tardio
descansado
indolente
coxo

lento
manso
pausado
sonolento
gradual
fraco das pernas

demorado
sereno
compassado
preguiçoso
claudicante
trôpego

PEQUENO DICIONÁRIO DE IDEIAS AFINS

43 AGITAÇÃO

substantivos

rebuliço
fervura
perturbação
confusão

movimento
ebulição
tumulto
convulsão

saracoteio
ziguezague
sururu
inquietação

verbos

ser agitado
estremecer
sapatear
agitar

brandir
vibrar
ziguezaguear
ferver

tremer
debater-se
perturbar-se
abalar

adjetivos

agitado
desordenado

trêmulo
inquieto

convulsivo
irregular

COMICHÃO
(SENSAÇÃO DO TATO)

SUBSTANTIVOS

coceira
formigueiro

prurido
formigamento

cócegas

VERBOS

sentir comichões
sentir ferroadas
comichar
fazer cócegas

sentir um formigueiro
sentir picadas
arranhar
picar

formigar
coçar
estremecer

ADJETIVOS

coceguento

comichoso

sensível

45 ◻ TATO

substantivos

apalpação palpação apalpo
apalpão manipulação digitação
sensibilidade tátil

PARTES DO TATO

mão	dígito	dedo
polegar	indicador	dedo médio
dedo mínimo	mindinho	
anular	fura-bolos	

verbos

tatear levar a mão pegar
apalpar segurar sentir
manipular manejar apanhar
tocar com as mãos tocar com os dedos passar os dedos sobre

adjetivos

tátil palpável manual

PEQUENO DICIONÁRIO DE IDEIAS AFINS

IMPALPABILIDADE 46
(INSENSIBILIDADE TÁTIL)

SUBSTANTIVOS

adormecimento   entorpecimento   imperceptibilidade

VERBOS

estar privado da   ser insensível
sensibilidade tátil

ADJETIVOS

insensível   intátil   impalpável

47 VIDA

SUBSTANTIVOS

existência	sopro	aura
fôlego	hálito	luz
fio	vitalidade	

VERBOS

viver	estar vivo	respirar
palpitar	pulsar o coração	estar com vida
nascer	vir ao mundo	sair do ventre materno

ADJETIVOS

vivo	vivente	animado
vital	ativo	vivificante

MORTE 48

substantivos

fim	falecimento	passamento
desenlace	desfecho	desaparecimento
termo fatal	crepúsculo	partida
óbito	repouso	perda
fim da vida terrena	última jornada	o descanso eterno
sono dos mortos	sono dos justos	último sono
a morada eterna	outra vida	eternidade

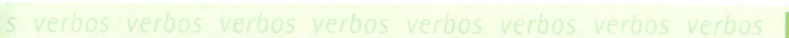

verbos

morrer	expirar	perecer
sucumbir	acabar-se	falecer
finar-se	desaparecer	ir-se
terminar os dias	encontrar a morte	ir-se para o céu
descer ao túmulo	descer à sepultura	adormecer para sempre
subir ao céu	desencarnar	dar o último suspiro
agonizar	jazer	estar morto
fechar os olhos	deixar a vida	estar nas últimas
soar a hora fatal	dormir em Deus	cair morto
ser riscado do livro dos viventes	fechar os olhos a alguém	estar entre a vida e a morte

adjetivos

morto	frio	inerte
finado	falecido	extinto
moribundo	sem vida	gélido
mortal	amortalhado	semivivo
desenganado	desfalecido	semimorto

PEQUENO DICIONÁRIO DE IDEIAS AFINS

49 UMIDADE

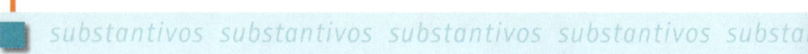

substantivos

húmus	humo	relento
orvalho	rocio	sereno
chuvisco	gotas	borrifo
salpicos	aspersão	sombra
mofo	bolor	aljôfar

verbos

tornar úmido	umedecer	molhar
ensopar	aguar	orvalhar
chuviscar	apanhar sereno	esparzir
salpicar	borrifar	regar
refrescar	gotejar	transpirar
pulverizar	estar úmido	

adjetivos

úmido	aquoso	orvalhado
umedecido	salpicado	gotejante
lamacento	pantanoso	enlameado

SECURA — 50

SUBSTANTIVOS

seca	aridez	estiagem
estio	sequidão	

VERBOS

estar seco	secar	enxugar
ressecar	mirrar	tirar a umidade
drenar	deixar de chover	limpar o tempo
evaporar-se	ressequir	

ADJETIVOS

seco	enxuto	árido
murcho	ressecado	desprovido de água

PEQUENO DICIONÁRIO DE IDEIAS AFINS

51 SENSIBILIDADE
(FÍSICA)

substantivos

sensação	sentido	impressão
prurido	comichão	cócegas

verbos

ser sensível	sentir	experimentar
perceber	notar	tornar sensível
aguçar	sensibilizar	causar sensação
excitar	avivar	picar

adjetivos

sensível	sensitivo	vivo
sutil	agudo	sensibilizador
penetrante	impressionável	

INSENSIBILIDADE 52
(FÍSICA)

SUBSTANTIVOS

- imobilidade
- sonolência
- sono
- analgésico
- entorpecimento
- inconsciência
- cocaína
- entorpecente
- torpor
- coma
- ópio
- narcótico

VERBOS

- ser insensível
- entorpecer
- amortecer
- adormecer
- paralisar
- atordoar
- embotar
- anestesiar
- insensibilizar

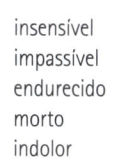

ADJETIVOS

- insensível
- impassível
- endurecido
- morto
- indolor
- insensitivo
- embotado
- impenetrável
- esquecido
- anestesiante
- indolente
- duro
- gélido
- anestésico
- paralítico

53 PRAZER
(FÍSICO)

substantivos

sensualidade
deleite
aconchego
doçura
encanto
felicidade

luxúria
sabor
bem-estar
sorriso
sedução
euforia

volúpia
conforto
suavidade
fonte de prazer
voluptuosidade

verbos

sentir prazer
desfrutar
apreciar
sorrir

experimentar prazer
gozar
deleitar-se
levar boa vida

regalar-se
saborear
entregar-se aos prazeres
refestelar-se

adjetivos

luxurioso
luxuriante
aconchegado
agradável
gostoso
feliz

sensual
confortável
próspero
deleitoso
cordial
rico

voluptuoso
quente
luxuoso
suave
mundano
aprazível

PEQUENO DICIONÁRIO DE IDEIAS AFINS

DOR
(FÍSICA)

substantivos

sofrimento	padecimento	cólica
dor de cabeça	nevralgia	reumatismo
cãibra	pesadelo	opressão
sobressalto	convulsão	mal-estar
desconforto	dor de parto	agonia
angústia	chaga	ferida
úlcera	doença	paulada
navalhada	pontapé	ferimento
trauma	traumatismo	tormento
tortura	beliscão	suplício
crucificação	açoite	ferrão
martírio	espinho	picada
urtiga	queimadura	mazela
ferroada	gemido	contorção

verbos

sofrer uma dor	padecer	picar
sangrar	magoar	lancetar
golpear	ferir	pisar
ferroar	morder	fustigar
machucar	perfurar a carne	penetrar
torcer	afligir	atormentar
torturar	crucificar	crivar de golpes

adjetivos

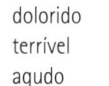

dolorido	doloroso	desumano
terrível	cruel	severo
agudo	penetrante	traumático

PEQUENO DICIONÁRIO DE IDEIAS AFINS

55 CALOR

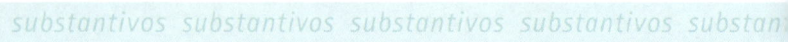

substantivos

- quentura
- agasalho
- febre
- brasa
- chama
- fogaréu
- calor abrasador
- canícula
- ardor
- fogo
- faísca
- labareda
- lume
- calor intenso
- temperatura elevada
- abrasamento
- ignição
- fagulha
- língua de fogo
- candeio
- calor causticante

verbos

- queimar
- aquecer
- fazer calor
- ferver
- inflamar
- transpirar
- arder
- abafar
- fumegar
- grelhar
- acender
- nadar em suor
- suar
- estar quente
- cozer a fogo lento
- chamejar
- incendiar
- atear

adjetivos

- quente
- térmico
- abafadiço
- asfixiante
- incandescente
- vulcânico
- tórrido
- calorífero
- sufocante
- abrasador
- fumegante
- ígneo
- ardente
- fervente
- tropical
- causticante
- morno

PEQUENO DICIONÁRIO DE IDEIAS AFINS

FRIO 56

SUBSTANTIVOS

friagem
baixa temperatura
inverno
gelo
flocos de neve
nevasca
tiritar de queixos

frigidez
frio de rachar
Sibéria
granizo
geleira
calafrio
o bater de dentes

frieza
frio rigoroso
vento frio
neve
nevada
arrepio

VERBOS

nevar
tremer
penetrar até a medula
  dos ossos

invernar
tiritar
arrepiar-se

ser frio
bater o queixo
estalar de frio

ADJETIVOS

frio
gélido
friorento
siberiano

gelado
frigidíssimo
invernoso
ártico

congelado
trêmulo
nevoento
glaciário

PEQUENO DICIONÁRIO DE IDEIAS AFINS

57 GOSTO

substantivos

gustação
língua
degustação
paladar

verbos

provar
morder
dar dentadas
petiscar
degustar
lamber os beiços
gostar
saborear

adjetivos

saboroso
saporífero
saporífico
palatino
gustativo

INSIPIDEZ

substantivos

dessabor
sensaboria

verbos

estar sem sabor
aguar
ser insípido
destemperar
tornar insípido
insossar

adjetivos

insípido
sem graça
frio
aguado
insosso

59 SABOR

substantivos

gosto	saborosidade	bom paladar
gulodice	néctar	manjar
aperitivo	antepasto	maná

verbos

ser saboroso	deleitar	apetitar
apetecer	lamber os beiços	apreciar
gostar de	saborear	deliciar-se com

adjetivos

gostoso	saboroso	supimpa
lauto	delicioso	delicado
deleitoso	regalado	apetecível
apetitoso	suculento	tentador

AMARGURA

substantivos

- azedume
- ânsia
- jiló
- repugnância
- impressão desagradável
- amargor
- fel
- náusea
- nojo
- acrimônia
- losna
- sentimento de repulsão
- enjoo

verbos

- amargar
- repugnar
- embrulhar o estômago
- causar náuseas
- enjoar
- ter mau paladar

adjetivos

- amargo
- nojento
- desagradável
- amargoso
- enjoativo
- salobro
- repulsivo
- insuportável
- desagradável ao paladar

61 FRAGRÂNCIA

substantivos

odor	cheiro	perfume
mirra	sândalo	alfazema
bálsamo	jasmim	rosa

verbos

perfumar	cheirar	ser perfumado
ter odor	embalsamar	encher de perfume
aromatizar	espalhar perfume	exalar-se

adjetivos

aromático	fragrante	odoroso
perfumado	cheiroso	aromatizante

FEDOR

substantivos

mau cheiro
putrefação
gambá
carniça

bolor
fartum
pus
catinga

maresia
ovo podre
cebola

verbos

feder
infetar

cheirar mal
catingar

ter mau cheiro
putrificar

adjetivos

podre
catinguento
infeto

fedorento
nojento
fétido

malcheiroso
desagradável
repugnante

63 SOM

substantivos

barulho	ruído	rumor
estalo	estalido	voz
vibração	sonoridade	ressonância
timbre	acústica	harmonia

verbos

bater   soar   vibrar

adjetivos

ruidoso   ressonante   audível

SOM DAS COISAS

água	gluglu	chape	gorgolejo	rumorejar	
	burburinhar	borbulhar	cantar	sussurrar	
	murmurar	murmurejar	retumbar	roncar	
andar de animais	galope	trote	tropel	galopear	
	estrupido	rastejo	trotear	galopar	
árvore	cicio	farfalho	murmulho	sussurrar	
	ciciar	farfalhar	ramalhar	murmurejar	
asas	frêmito	ruflo	flaflar	rufar	ruflar
bomba	estalar	estourar	estralar	explodir	rebentar
bala	assobiar	sibilar	silvar	zunir	
mar	bramar	bramir	estourar		
	estrepitar	rugir	soluçar		
relógio	tique-taque	pancada	bater		
	tiquetaquear	soar	dar		
sino	repique	pancada	bimbalhada		
	badalar	tanger	repicar		
	dobrar	tocar	repinicar		
tempestade	fragor	rugido	bramar		
	bramir	rugir	troar		
vento	assobiar	bramar	bramir	uivar	silvar
	bravejar	ciciar	gemer	sussurrar	suspirar
	mugir	murmurar	rugir	sibilar	

PEQUENO DICIONÁRIO DE IDEIAS AFINS

SILÊNCIO 64

SUBSTANTIVOS

sossego
mansidão
calada da noite
silêncio completo

paz
mudez
silêncio mortal
silêncio sepulcral

tranquilidade
remanso
silêncio absoluto
silêncio gélido

VERBOS

silenciar
fazer silêncio

emudecer
tapar a boca

calar
meter a viola no saco

ADJETIVOS

quieto
mudo

silencioso
sufocado

calado
inaudível

PEQUENO DICIONÁRIO DE IDEIAS AFINS

BARULHO
(SOM ALTO)

substantivos

ruído	motim	estrondo
estrépito	fragor	estouro
bramido	zunido	frêmito
grito	berreiro	rugido
vozeirão	algazarra	rebuliço
alvoroço	escarcéu	balbúrdia
artilharia	canhão	trovão

verbos

repicar	marulhar	tinir
rugir	bradar	bramar
trovejar	tumultuar	esbravejar
zunir	berrar a valer	atordoar o ouvido

adjetivos

alto	grande	sonoroso
poderoso	forte	intenso
medonho	infernal	barulhento
ruidoso	estrepitoso	potente
ensurdecedor	penetrante	vibrante
agudo	vociferante	desmedido

PEQUENO DICIONÁRIO DE IDEIAS AFINS

SUSSURRO

(SOM FRACO)

substantivos

cochicho	ruído	murmúrio
suspiro	gemido	arquejo
zunzum	rumor	estalido

verbos

murmurar	segredar	murmurejar
ciciar	rezar	suspirar
gemer	rosnar	tinir
tilintar	balbuciar	

adjetivos

indistinto	vago	inaudível
confuso	brando	baixo
fraco	débil	surdo
rouco	sufocado	abafado
sussurrante	suave	doce

PEQUENO DICIONÁRIO DE IDEIAS AFINS

67 LUZ

substantivos

raio	clarão	lampejo
claridade	lucidez	lume
fulgor	esplendor	deslumbramento
dia	luz do dia	sol
luar	brilho	vivacidade
cintilação	irradiação	resplandecência
nitidez	lustre	fogo
centelha	faísca	fagulha
chispa	incêndio	chama
diamante	ouro	latão

verbos

alumiar	brilhar	aclarar
arder	aureolar	chamejar
clarear	chispar	constelar
coriscar	faiscar	flamejar
fulgurar	fuzilar	fulminar
iluminar	luzir	refulgir
relampear	relampejar	reluzir
resplandecer	cintilar	espelhar
refletir	pratear	

adjetivos

brilhante	luminoso	chamejante
coruscante	refulgente	fulguroso
rutilante	fosforescente	cintilante
lúcido	nítido	radioso
deslumbrante	luzidio	argênteo
lustroso	fotográfico	claro

PEQUENO DICIONÁRIO DE IDEIAS AFINS

OBSCURIDADE 68

SUBSTANTIVOS

escuridão
noite
véu
ofuscação

negrume
sombra
manto
eclipse

negridão
trevas
falta de luz

VERBOS

estar escuro
obscurecer
entardecer
turvar
denegrir
nublar

assombrar
escurecer
toldar
anoitecer
apagar a luz
fazer sombra

sombrear
negrejar
ofuscar
enegrecer
nevoar-se

ADJETIVOS

escuro
soturno
tenebroso
fechado

lúgubre
obscuro
nublado
nevoento

sombrio
negro
espesso
opaco

PEQUENO DICIONÁRIO DE IDEIAS AFINS

69 COR

substantivos

tinta	tonalidade	coloração
color	tintura	pintura
frescor	brilho	cor local
pigmento	aquarela	

verbos

colorir	corar	dar cores
matizar	pintar	tingir
mesclar	avivar	desembaçar

adjetivos

colorido	iluminado	tinto
colorante	cromático	monocromático
brilhante	unicolor	alegre
vivo	berrante	cru
florido	ofuscante	cintilante

ACROMATISMO — 70

(AUSÊNCIA DE COR)

SUBSTANTIVOS

palidez lividez desmaio

VERBOS

descorar   desbotar   esvaecer
descolorir desmaiar   embaciar
murchar   amarelecer morrer
empalidecer acinzentar

ADJETIVOS

incolor   desbotado   acromático
embaçado   frio   inexpressivo
brando   de cores leves tenro
suave   mimoso   delicado
apagado   descorado   alvacento
esbranquiçado lívido

PEQUENO DICIONÁRIO DE IDEIAS AFINS

71 BRANCURA

substantivos

alvura	candura	neve
lírio	cisne	gelo
pérola	marfim	prata

verbos

branquear	embranquear	tornar branco
alvejar	nevar	aclarar

adjetivos

branco	nevado	de neve
alvo	cândido	argênteo
imaculado	alvacento	leitoso

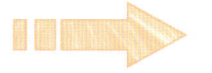

PRETIDÃO 72

SUBSTANTIVOS

negrura
trevas
negridão

escuridão
azeviche
negrume

homem de cor
piche
breu

VERBOS

negrejar
escurecer

tornar preto
obscurecer

denegrir
defumar

ADJETIVOS

preto
fuliginoso

negro
nigérrimo

da cor de ébano
africano

PEQUENO DICIONÁRIO DE IDEIAS AFINS

73 APARECIMENTO

substantivos

aparência	espetáculo	cena
cenário	mostra	panorama
perspectiva	quadro	paisagem
exposição	pompa	aparato
magia	trajo	vestuário
imagem	ar	presença
esboço	perfil	fisionomia
rosto	postura	atitude
pose	posição	semblante

verbos

aparecer	tornar visível	parecer
ter ares de	semelhar-se	apresentar
ter	trazer	exibir
aparentar	assomar	surgir

adjetivos

aparente   ostensivo

advérbios

aparentemente	na aparência	à primeira vista
ao primeiro aspecto	por esse lado	neste particular
sob este prisma	aos olhos de	

PEQUENO DICIONÁRIO DE IDEIAS AFINS

DESAPARECIMENTO

substantivos

sumiço
esconderijo
ocultação
ocaso
saída
sumidouro

verbos

desaparecer
acabar
sumir-se
esconder-se
morrer
não deixar vestígio
evaporar-se
dissipar-se
retirar-se
ocultar-se
não deixar rastro
apagar
dissolver-se
derreter-se
fugir
perder-se
perder de vista

adjetivos

desaparecido
sumido

75 ATENÇÃO

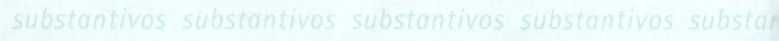

SUBSTANTIVOS

cuidado
advertência
consideração
exame
introspecção
minuciosidade
guarda
reparo
análise
investigação
reflexão
concentração
vigilância
observação
fiscalização
pesquisa
meditação

VERBOS

observar
escutar
fitar
examinar
espreitar
ponderar
solicitar
acentuar
salientar
estar atento
ouvir
considerar
investigar
vigiar
refletir
reclamar
sublinhar
frisar
prestar atenção
assuntar
ser todo ouvidos
fiscalizar
manusear
rever
exigir
focalizar
revistar

ADJETIVOS

atento
sério
meticuloso
estudioso
observador
atencioso
aplicado
cuidadoso
preocupado

ADVÉRBIOS

atentamente
com muito interesse
com muita atenção
demoradamente

PEQUENO DICIONÁRIO DE IDEIAS AFINS

DESATENÇÃO

substantivos

descuido
distração
indiferença

displicência
imprudência
contemplação

descaso
devaneio

verbos

não prestar atenção
tapar os olhos
voltar as costas a
enlevar-se
distrair

negligenciar
desviar a atenção
olhar para outro lado
sonhar
desorientar

andar no mundo da lua
fazer-se de surdo
distrair-se
devanear

adjetivos

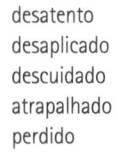

desatento
desaplicado
descuidado
atrapalhado
perdido

imprudente
displicente
sonhador
pensativo
negligente

indiferente
surpreso
distraído
sonolento
esquecido

77 CERTEZA

substantivos

firmeza
convicção
coisa certa
Bíblia
decisão final e irrevogável
confiança
solidez
evangelho
cálculo
pessoa fidedigna
garantia
infalibilidade
dogma
fato consumado
flagrante delito

verbos

assegurar
ser certo
firmar
evidenciar
não haver vestígio de dúvida
certificar
não admitir discussão
determinar
esclarecer
convencer-se
atestar
definir
dirimir uma dúvida
compenetrar-se
ensinar com autoridade

adjetivos

certo
absoluto
claro
categórico
taxativo
preciso
fatal
aceito
infalível
inquestionável
certíssimo
intuitivo
seguro
determinado
inequívoco
notório
imperativo
decidido
público e notório
usual
fidedigno
incontestável
irrefutável
óbvio
convicto
definido
exato
explícito
decisivo
terminante
real
irremediável
inegável
indubitável
evidente
de fonte segura

advérbios

certamente
certo
indubitavelmente
com certeza
fora de toda dúvida
na verdade
decerto
sem dúvida
na pior das hipóteses

PEQUENO DICIONÁRIO DE IDEIAS AFINS

INCERTEZA 78

substantivos

dúvida
engano
perplexidade
desconfiança
obscuridade

hesitação
equívoco
insegurança
embaraço
ambiguidade

imprecisão
hipótese
confusão
dilema

verbos

duvidar
desconfiar
equivocar
ficar engasgado
nutrir suspeitas

supor
suspeitar
desnortear
coçar a cabeça
embaraçar

presumir
problematizar
desorientar
formular hipóteses
conjeturar

adjetivos

incerto
indiscriminado
controverso
contestável
impreciso
misterioso
falível
inseguro

indeciso
problemático
questionável
confuso
inconsequente
hipotético
precário
ocasional

vago
discutível
opinativo
indefinido
equivocado
enigmático
instável
sujeito a

PEQUENO DICIONÁRIO DE IDEIAS AFINS

79 ◻ CONHECIMENTO

substantivos

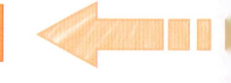

talento
saber
concepção
descoberta
ciência
educação
bagagem
  científica

cultura
sabedoria
teoria
esclarecimento
informação
habilitação
conhecimento
  profundo

preparo
competência
filosofia
intuição
apreensão
bagagem literária
paixão pelos
  livros

verbos

saber
conceber
penetrar
apreender
ser uma mina de saber

conhecer
compreender
reconhecer
estar ciente
ser muito inteligente

ter noção de
apreciar
discernir
conhecer plenamente
filosofar

adjetivos

conhecedor de
versado em
lido
culto
preclaro
poliglota

ciente de
entendido
erudito
instruído
esclarecido
perito

informado de
diplomado
ilustrado
eminente
pensante
consagrado

IGNORÂNCIA 80

SUBSTANTIVOS

desconhecimento
estupidez
imperícia
incapacidade

incultura
falta de instrução
pedantismo
charlatanismo

burrice
incompetência
conhecimentos gerais

VERBOS

ser ignorante
ser leigo
permanecer na
 ignorância

ter venda nos olhos
saber pela rama
incompreender

soletrar
ignorar
desconhecer

ADJETIVOS

ignorante
analfabeto
iletrado
leigo

estúpido
bronco
tapado
desmiolado

incompetente
néscio
cabeça oca

PEQUENO DICIONÁRIO DE IDEIAS AFINS

81 — EXATIDÃO

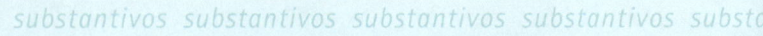

substantivos

fato	evidência	realidade
verdade	veracidade	certeza
segurança	precisão	rigor
severidade	pontualidade	minuciosidade
regularidade	correção	autenticidade

verbos

ser verdadeiro	ser verdade	resistir a toda prova
tornar exato	corrigir	inspirar confiança

adjetivos

real	positivo	efetivo
verdadeiro	verídico	veraz
certo	seguro	indiscutível
incontestável	irrefutável	exato
rigoroso	definido	preciso
categórico	terminante	textual
literal	fiel	matemático
científico	infalível	minucioso
legítimo	sólido	demonstrado

PEQUENO DICIONÁRIO DE IDEIAS AFINS

ERRO 82

Substantivos

engano	asneira	equívoco
imperfeição	incorreção	inexatidão
erro crasso	erro injustificável	cochilo
descuido	lapso	errata
deslize	disparate	

Verbos

mentir	enganar	iludir
errar	cometer erro	falsificar
vacilar	extraviar	carecer de fundamento
omitir	confundir	trocar

Adjetivos

incorreto	errôneo	inverídico
contrário à verdade	destituído de verdade	enganoso
irreal	falaz	infundado
ilógico	inaceitável	inexato
indevido	impróprio	indefinido
ilusório	enganoso	falso
questionável	criticável	censurável
ilegal	ilegítimo	refutado

PEQUENO DICIONÁRIO DE IDEIAS AFINS

83 AFIRMAÇÃO

substantivos

afirmativa
compromisso
nota

declaração
testemunho
observação

depoimento
protesto
ressalva

verbos

afirmar
reafirmar
alegar
protestar
expor
depor
jurar

assegurar
ratificar
garantir
propor
publicar
certificar
proferir

defender
confessar
proclamar
divulgar
sustentar
atestar
asseverar

adjetivos

declarativo
definitivo
enfático
categórico

afirmativo
decisivo
claro
dogmático

taxativo
absoluto
franco
decidido

advérbios

afirmativamente
seriamente
sem temor de
  contestação

sim
perfeitamente
com conhecimento
  de causa

positivamente
de pés juntos
na verdade

PEQUENO DICIONÁRIO DE IDEIAS AFINS

NEGAÇÃO 84

SUBSTANTIVOS

negativa
repúdio
desmentido

rejeição
contradição
recusa

renúncia
impugnação
protesto

VERBOS

negar
contrariar
questionar
recusar

contradizer
contestar
invalidar
rebater

impugnar
refutar
rejeitar
desaprovar

ADJETIVOS

negativo

contraditório

dissidente

ADVÉRBIOS

não
de nenhum modo
nem por sombra
nada disso
longe disso

nem
absolutamente
nem por pensamento
nunca
nem por hipótese

de modo algum
negativamente
por preço algum
jamais
pelo contrário

PEQUENO DICIONÁRIO DE IDEIAS AFINS

85 OPOSIÇÃO

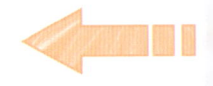

substantivos

antagonismo
resistência
combate
competição

guerra
choque
conflito
contragolpe

repulsa
atrito
rivalidade
fogo cruzado

verbos

opor-se
resistir
protestar
desfavorecer
afrontar
hostilizar

ir de encontro a
reprimir
votar contra
insurgir-se contra
impugnar
contrariar

derrotar
atacar
guerrear
contradizer
agir em desacordo com

adjetivos

opositor
adversário
rival

oponente
contraditório
agressivo

adverso
antagônico
resistente

advérbios

a despeito de
não obstante
em desafio a

malgrado
em que pese a
frente a frente

apesar de
mesmo que

PEQUENO DICIONÁRIO DE IDEIAS AFINS

COOPERAÇÃO — 86

SUBSTANTIVOS

- apoio
- sociedade
- concerto
- solidariedade
- fraternização
- sindicato
- fusão
- colaboração
- ligação
- associação
- conivência
- partidarismo
- coalizão
- conchavo
- parceria
- união
- concomitância
- cumplicidade
- espírito de classe
- coligação
- trama

VERBOS

- cooperar
- ligar
- aliar-se
- dar as mãos
- associar-se
- filiar-se
- combinar
- reunir
- conspirar
- pactuar
- fazer sociedade
- partilhar
- unir-se
- fraternizar-se
- tramar
- congregar-se
- juntar-se
- estabelecer aliança

ADJETIVOS

- cooperativo
- conivente
- irmanado
- coadjuvante
- partidário
- unido
- participante
- solidário
- coeso

87 IMPORTÂNCIA

substantivos

seriedade
valor
interesse
parte essencial
substância
nó

consideração
relevância
influência
parte principal
âmago
núcleo

apreço
significação
utilidade
o ponto fundamental
chave
coração

verbos

merecer a atenção
encantar
significar
sobressair

atrair a atenção
repercutir
ressaltar
destacar-se

empolgar
importar
realçar
distinguir-se

adjetivos

importante
poderoso
considerável
eminente
imponente
radical
respeitado
superior

relevante
influente
indispensável
insubstituível
estupendo
fundamental
respeitável
raro

grande
sério
conceituado
memorável
essencial
capital
excepcional
primordial

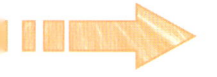

INSIGNIFICÂNCIA 88

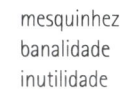

substantivos

mesquinhez	vulgaridade	modéstia
banalidade	trivialidade	pobreza
inutilidade	questão fútil	droga
pormenor	apêndice	futilidade

verbos

carecer de importância	não ter importância
significar nada	não interessar

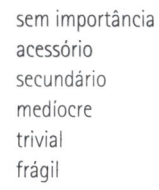

adjetivos

sem importância	insignificante	dispensável
acessório	comum	vulgar
secundário	banal	reles
medíocre	irrisório	sofrível
trivial	ordinário	superficial
frágil	inócuo	modesto

PEQUENO DICIONÁRIO DE IDEIAS AFINS

89 UTILIDADE

substantivos

eficiência	necessidade	aptidão
favor	valia	uso
lucro	proveito	préstimo
vantagem	benefício	bem
comodidade	serventia	serviço
interesse	função	valor

verbos

ser útil	ser proveitoso	servir
convir	favorecer	lucrar
beneficiar	alimentar	socorrer
auxiliar	remunerar	ajudar

adjetivos

útil	necessário	proveitoso
prestável	frutífero	profícuo
benéfico	lucrativo	saudável
aproveitável	rendoso	valioso
prestativo	solícito	adequado
eficiente	eficaz	vantajoso
conveniente	precioso	aplicável

INUTILIDADE 90

Substantivos

- esterilidade
- pó
- insignificância
- ineficiência
- trabalho em vão
- nada
- entulho
- inaptidão
- vaidade
- nulidade
- farrapo
- improdutividade

Verbos

- ser inútil
- anular
- não prestar para nada
- ficar no papel
- malograr
- trabalhar em vão
- invalidar
- frustrar

Adjetivos

- inútil
- nulo
- infrutífero
- impotente
- vazio
- obsoleto
- ineficaz
- vão
- improdutivo
- desnecessário
- oco
- ordinário
- ineficiente
- fútil
- inócuo
- incompetente
- chocho
- indesejável

PEQUENO DICIONÁRIO DE IDEIAS AFINS

91 GUERRA

substantivos

contenda	combate	luta
batalha	peleja	rivalidade
oposição	polêmica	debate
rixa	competição	páreo
duelo	façanha	conflito
guerrilha	hostilidade	cruzada
expedição	estratagema	lutas sangrentas
grito de guerra	rufo de tambores	guerra de extermínio
guerra civil	armas fratricidas	incêndio

verbos

guerrear	disputar	lutar
combater	debater	pelejar
batalhar	competir	esmurrar
socar	hostilizar	travar luta
sacar da espada	armar	incitar
provocar a guerra	recrutar	militarizar
recorrer às armas	travar combate	banhar o país em sangue

adjetivos

briguento	desordeiro	perigoso
competitivo	rival	antagonista
inimigo	combativo	guerreiro
bélico	valoroso	invencível

PEQUENO DICIONÁRIO DE IDEIAS AFINS

PAZ

SUBSTANTIVOS

- ordem
- quietude
- tranquilidade
- conciliação
- combinação
- sossego
- amizade
- pacificação
- ajuste
- armistício
- bonança
- trégua
- neutralidade
- acordo
- compromisso

VERBOS

- pacificar
- conciliar
- harmonizar
- viver em paz
- aquietar
- apaziguar
- unir
- tranquilizar
- fazer as pazes com
- restituir a paz
- irmanar
- sossegar
- reconciliar

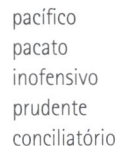

ADJETIVOS

- pacífico
- pacato
- inofensivo
- prudente
- conciliatório
- calmo
- cordeiro
- manso
- sossegado
- pacificador
- quieto
- conservador
- paciente
- bonachão
- apaziguador

SUCESSO

substantivos

- fortuna
- ventura
- milagre
- xeque-mate
- prosperidade
- triunfo
- felicidade
- boa sorte
- golpe feliz
- proveito
- conquista
- louros
- êxito
- resultado favorável
- prêmio
- vitória
- vantagem
- vencedor

verbos

- suceder
- ter bom êxito
- obter
- atingir a meta
- tirar proveito de
- sair vitorioso
- superar
- aproveitar
- ser bem-sucedido
- atingir o objetivo
- lograr
- alcançar a vitória
- triunfar
- sobrepujar
- vencer uma dificuldade
- frutificar
- ter bom resultado
- alcançar o objetivo
- chegar a
- colher bons frutos
- ganhar a batalha
- ficar com a melhor
- chegar a bom termo
- dar-se bem

adjetivos

- próspero
- triunfante
- ditoso
- bem-sucedido
- invicto
- feliz
- bem logrado
- invencível

PEQUENO DICIONÁRIO DE IDEIAS AFINS

INSUCESSO 94

SUBSTANTIVOS

falência
malogro
desmoronamento
fracasso
desilusão
ruína
engano
embaraço
queda

fiasco
arruinamento
perecimento
decepção
desengano
perdição
ilusão
derrota
baque

naufrágio
derrocada
desastre
dura realidade
transtorno
erro
contrariedade
sujeição
golpe infeliz

VERBOS

falir
reduzir-se a pó
fracassar
falhar
estar acabado
escorregar
ser derrotado

malograr-se
cair
tombar
atolar-se
ser infeliz
tropeçar
trabalhar em vão

não ter sorte
desmoronar
ruir por terra
desmanchar-se
ter mau êxito
titubear
soçobrar

ADJETIVOS

malsucedido
frustrado
falho
ineficiente
derrotado
desfeito
falido
desiludido

infrutífero
gorado
infeliz
impotente
vencido
destruído
desesperançado
desafortunado

em vão
inútil
ineficaz
soçobrado
perdido
arruinado

PEQUENO DICIONÁRIO DE IDEIAS AFINS

95 AUTORIDADE

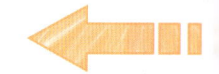

substantivos

poder	força	mando	feudalismo
pulso	rédea	poderio	administração
patronato	preeminência	soberania	monarquia
hegemonia	competência	alçada	autocracia
direito	comando	império	consulado
domínio	dominação	predomínio	prefeitura
reino	reinado	suserania	presidencialismo
chefia	regência	trono supremo	teocracia
capitania	fiscalização	proteção	presidência
amparo	cargo	posto	aristocracia
posição	ascensão	elevação	totalitarismo
subida	acesso ao trono	acesso ao poder	
hierarquia	graduação	patente	
dinastia	realeza	ditadura	

verbos

autorizar	garantir	ordenar	administrar
decretar	proferir	estar à frente de	dirigir
deliberar	despachar	ser presidente	legislar
governar	ocupar um posto	imperar sobre	ser o titular de
dominar	mandar	comandar	subir ao trono
exercer a autoridade	ascender ao trono	desempenhar um cargo	guiar

adjetivos

autoritário	dominante	dominador	taxativo
predominante	preponderante	influente	peremptório
governante	imperioso	rigoroso	
executivo	administrativo	oficial	
absoluto	supremo	arbitrário	

PEQUENO DICIONÁRIO DE IDEIAS AFINS

ANARQUIA — 96
(AUSÊNCIA DE AUTORIDADE)

SUBSTANTIVOS

- tolerância
- moleza
- indisciplina
- autonomia
- demissão
- liberdade
- desgoverno
- licenciosidade
- abdicação
- exoneração
- frouxidão
- insubordinação
- desobediência
- renúncia

VERBOS

- agir sem autoridade
- desgovernar
- renunciar
- ir além de suas atribuições
- depor
- abdicar
- descomedir-se
- destronar
- demitir

ADJETIVOS

- frouxo
- dúbio
- irresoluto
- demagógico
- fraco
- pusilânime
- acéfalo
- indisciplinado
- tímido
- mole
- anárquico
- ilegítimo

PEQUENO DICIONÁRIO DE IDEIAS AFINS

97 DESOBEDIÊNCIA

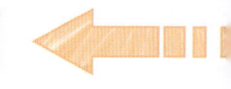

substantivos

insubordinação	desrespeito	recusa
revelia	oposição	relutância
infração	insolência	transgressão
revolução	rebeldia	insurreição
revolta	levante	indisciplina
perturbação	rebelião	motim
tumulto	amotinação	sublevação
crime de lesa-majestade	infidelidade	inconfidência
ofensa	violação da lei	desordem
greve	revoltado	brigão
revolucionário	agitador	subversivo
desertor	fugitivo	anarquista
arruaceiro	grevista	insubmisso
transgressor	contraventor	

verbos

desobedecer	recalcitrar	não se submeter
violar	infringir	resistir
ir de encontro a	desrespeitar	pronunciar-se contra
desrespeitar a autoridade	insurgir-se contra	amotinar
agitar	alvoroçar	revolucionar
levar à rebelião	insubordinar	desrespeitar uma ordem

adjetivos

desobediente	insubmisso	insubordinado
ingovernável	rebelde	revoltoso
indisciplinado	indisciplinável	arrogante
irrequieto	trêfego	insuportável
relapso	recalcitrante	indócil
indomável	resistente	demagógico
malcriado	mal-educado	

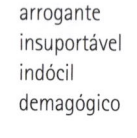

OBEDIÊNCIA 98

SUBSTANTIVOS

- cumprimento
- consentimento
- disciplina
- docilidade
- lealdade
- dedicação
- apoio
- aquiescência
- sujeição
- resignação
- deferência
- adesão
- submissão
- complacência
- passividade
- fidelidade
- vassalagem
- subordinação

VERBOS

- obedecer
- prestar obediência
- humilhar-se
- cumprir ordens
- sujeitar-se
- jurar obediência
- ir ao encontro de
- submeter-se à vontade de
- atender às ordens
- curvar-se
- cumprir leis
- render preito e homenagem

ADJETIVOS

- obediente
- leal
- dedicado
- docílimo
- pacato
- humilde
- fiel
- devotado
- escravo
- disciplinado
- resignado
- domável
- complacente
- aplicado
- dócil
- amigo
- submisso
- domesticável

PEQUENO DICIONÁRIO DE IDEIAS AFINS

99 ■ LIBERDADE

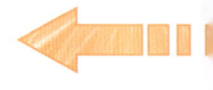

substantivos

independência
caminho aberto
prerrogativa
ideias livres
liberdade de consciência

autonomia
regalia
emancipação
soberania popular
liberdade de ensino

democracia
privilégio
liberalismo
liberdade de culto
liberdade de pensamento

verbos

ser livre
estar no gozo de seus direitos

ser rei de si mesmo
não depender de ninguém

ter o campo livre
estar em liberdade

adjetivos

livre
solto
soberano

independente
desimpedido
democrático

autônomo
liberto
espontâneo

SUJEIÇÃO — 100

Substantivos

- dependência
- escravidão
- servidão
- tutelagem
- jugo
- submissão
- cativeiro
- escravatura
- vassalagem
- obediência
- subordinação
- cadeia
- feudalismo
- opressão

Verbos

- estar sujeito
- estar nas mãos de
- submeter-se
- não ter vontade própria
- servir
- subjugar
- estar à mercê de
- obedecer
- controlar

Adjetivos

- sujeito
- subordinado
- escravo
- escravizado
- subalterno
- cativo
- dependente
- feudal
- constrangido

101 RIQUEZA

substantivos

- fartura
- grandeza
- providência
- recursos
- mina de ouro
- dinheiro
- capitalista
- arquimilionário
- abundância
- abastança
- dote
- posses
- renda
- dinheirama
- milionário
- detentor de riquezas
- opulência
- bens
- meios
- propriedades
- capital
- fortuna
- ricaço

verbos

- ser rico
- enriquecer
- viver na opulência
- ganhar mundos e fundos
- nadar em riquezas
- enricar
- ganhar dinheiro
- ser homem de muitas posses
- viver à larga
- ajuntar
- prosperar

adjetivos

- rico
- endinheirado
- podre de rico
- ricaço
- abarrotado de dinheiro
- abonado
- opulento
- abastado
- suntuoso

POBREZA 102

substantivos

indigência	penúria	escassez
precisão	míngua	aperto
pauperismo	falta de recursos	desamparo
necessidade	pindaíba	apuro
dificuldade	miséria	privação
pobreza franciscana	modéstia	mendicância
mendigagem	insolvência	bolsa vazia
pobre	pobretão	mendigo
indigente	miserável	desgraçado
necessitado	mendicante	pedinte
pobre-diabo	roto	
descamisado	maltrapilho	

verbos

ser pobre	precisar	ter falta de
viver em apuros	ter poucos recursos	ter meios escassos
viver na lama	mendigar	ficar pobre
empobrecer	arruinar	depauperar
desenriquecer	reduzir à pobreza	reduzir à miséria
descamisar	arruinar-se	carecer de tudo

adjetivos

pobre	indigente	depauperado
necessitado	mesquinho	minguado
pobre como Jó	insolvente	sem eira nem beira
faminto	roto	modesto
coitado	desgraçado	desvalido
desprotegido	infeliz	esquecido
desamparado	abandonado	

PEQUENO DICIONÁRIO DE IDEIAS AFINS

103 ◻ SENTIMENTO

substantivos

sofrimento
impressão
emoção
perturbação
calor
fervor
ímpeto
amor
fanatismo
enlevo
rubor
frêmito
sobressalto
tremor

tolerância
inspiração
sensação
ardor
veemência
cordialidade
arrebatamento
entusiasmo
sentimentalismo
arroubo
vergonha
abalo
agitação
palidez

simpatia
afeição
conturbação
fogo
força
animação
paixão
furor
sinceridade de coração
êxtase
calafrio
choque
palpitação
semblante

verbos

sentir
gozar
alimentar
corresponder
curtir
inflamar-se
envergonhar-se
corar
hesitar
pulsar
ficar vermelho
sufocar-se
atormentar-se
conturbar-se
desnortear-se

perceber
sofrer
nutrir
vibrar
padecer
desafiar
abrasar-se
sensibilizar-se
ruborizar-se
ofegar
tremer
estremecer
bater o coração
afligir-se
excitar

experimentar
acariciar
encher-se de
deixar-se contaminar
suportar
resistir a
animar-se
impressionar-se
comover-se
arfar
ficar pálido
sobressaltar-se
ficar engasgado
enraivecer-se
consumir-se

PEQUENO DICIONÁRIO DE IDEIAS AFINS

SENTIMENTO

sensível	sensitivo	emotivo
emocional	ardente	vivo
forte	intenso	veemente
patético	penetrante	enérgico
ativo	sincero	ávido
desejoso	ansioso	ofegante
trêmulo	fervoroso	zeloso
caloroso	apaixonado	fogoso
ardoroso	extremoso	afetuoso
devotado	empolgante	raivoso
fascinado	fanático	histérico
febril	trágico	dramático
impetuoso	poético	amoroso
impressionante	comovedor	palpitante
eterno	comovido	sensibilizado
impressionado	sedento	enlevado
empolgado	extático	
arrebatado	absorto	

104 PRAZER

substantivos

gozo	consolo	consolação	bem-aventurança
deleite	néctar	gosto	arrebatamento
sabor	satisfação	delícia	entusiasmo
contentamento	sedução	agrado	encanto
bem-estar	aconchego	vida cômoda	arroubo
vida agradável	vida tranquila	alegria	lua de mel
júbilo	vivacidade	regozijo	êxtase
felicidade	aleluia	ventura	paraíso
sorte	bênção	sorriso	mar de rosas

verbos

estar contente	sentir	rejubilar-se	enamorar-se
gozar	desfrutar	lograr	arroubar-se
usufruir	saborear	sorver	deleitar-se
alegrar-se	deliciar-se	regalar-se	extasiar-se
agradar-se	enlevar-se	entusiasmar-se	envaidecer-se
transportar-se em êxtase	ter sensações agradáveis	experimentar prazer	nadar em delícias

adjetivos

prazenteiro	prazeroso	bendito	paradisíaco
feliz	ditoso	risonho	fascinado
alegre	radiante	extasiado	extático
encantado	deslumbrado	enlevado	
embebido	absorto	puro	
arrebatado de alegria	satisfeito	arroubado	

PEQUENO DICIONÁRIO DE IDEIAS AFINS

SOFRIMENTO 105

substantivos

padecimento	martírio	dor	mártir	infortúnio
pena	desgosto	dissabor	inferno	drama
tormento	zanga	náusea	infeliz	tragédia
aborrecimento	desconforto	contrariedade	sofredor	miséria
desconsolo	perseguição	mal-estar	horror	calvário
transtorno	vexame	tormento	flagelo	amargura
inquietação	abatimento	enfado	tortura	descontentamento
irritação	infelicidade	crueldade	transe	purgatório
preocupação	agonia	desespero	cruz	tristeza
pesadelo	desgraçado	castigo	desgraça	pesar
fardo	angústia	aflição	desolação	mar de contrariedades

verbos

sofrer	sentir	sangrar	gemer
padecer	experimentar	ter suores frios	penar
penalizar-se	sangrar de dor	inquietar-se	agoniar-se
consumir-se de cuidados	sorver o cálice da amargura	comer o pão que o diabo amassou	passar maus bocados

adjetivos

sofredor	perturbado	choroso	sem vida
acabrunhado	lastimável	atormentado	descontente
digno de dó	desinfeliz	triste	intranquilo
desgostoso	mísero	infeliz	lastimoso
desditoso	abatido	aflito	desesperado
banhado em lágrimas	ansioso	mal-humorado	sem graça

PEQUENO DICIONÁRIO DE IDEIAS AFINS

ALEGRIA

substantivos

contentamento	gozo	glória
bom humor	exultação	regozijo
vivacidade	animação	jovialidade
jocosidade	hilaridade	loucura
travessura	traquinagem	gargalhada
riso	diversão	otimismo
brincalhão	festeiro	júbilo

verbos

ser alegre	estar alegre	ver tudo cor-de-rosa
alegrar-se	exultar	jubilar-se
rejubilar-se	encher-se de júbilo	estar bem-humorado
deleitar-se	regozijar-se	gracejar
brincar	galhofar	animar

adjetivos

alegre	feliz	sorridente
lépido	risonho	festivo
jucundo	garrido	vivaz
risonho	hilariante	bonachão
jovial	trêfego	radioso
festeiro	galhofeiro	gracejador
jocoso	engraçado	otimista
expansivo	pândego	

PEQUENO DICIONÁRIO DE IDEIAS AFINS

TRISTEZA 107

Substantivos

- abatimento
- desconforto
- desolação
- marasmo
- saudade
- pesar
- derrotismo
- seriedade
- aflição
- depressão
- desalento
- enfado
- desgosto
- mágoa
- misantropia
- meditação
- fisionomia carrancuda
- desilusão
- prostração
- desânimo
- tédio
- nostalgia
- pena
- pessimismo
- circunspecção
- cara de poucos amigos
- insucesso

Verbos

- estar abatido
- parecer abatido
- murchar-se o riso
- ter o rosto carregado
- cismar
- abater-se
- desolar
- enlutar
- lamentar
- consumir-se de tristeza
- ver tudo negro
- andar abatido
- meditar
- sentir depressão
- amuar
- contristar
- desconsolar-se
- estar triste de morrer
- carregar o semblante
- lastimar-se
- sucumbir
- reprimir o sorriso
- deprimir
- entristecer

Adjetivos

- abatido
- prostrado
- acabrunhado
- escuro
- apreensivo
- sentimental
- abandonado
- ressabiado
- tristonho
- amuado
- desfalecido
- aflito
- sombrio
- triste
- pensativo
- meditativo
- desamparado
- pesaroso
- oprimido
- circunspecto
- caído
- desolado
- apagado
- penalizado
- cabisbaixo
- carrancudo
- magoado
- sentido
- desgostoso
- sério

PEQUENO DICIONÁRIO DE IDEIAS AFINS

108 — BELEZA

substantivos

encanto	elegância	perfeição	perfil grego
graça	requinte	aprumo	galhardia
esplendor	imponência	suntuosidade	tentação
delicadeza	mimo	deusa	obra-prima
avião	diva	ninfa	sedução
fada	anjo	rosa	
lírio	pintura	princesa	

verbos

ser belo	prender o coração	cativar o coração	fascinar
encantar	ostentar beleza	ostentar pompa	seduzir
deslumbrar	excitar a admiração	enlevar	embelezar
chamar a atenção	causar admiração		

adjetivos

belo	lindo	bonito	irresistível
galante	formoso	gracioso	imaculado
sedutor	elegante	rico	indescritível
delicado	mimoso	adorável	primoroso
escultural	simpático	garboso	encantador
perfeito	esbelto	inesquecível	inconcebível
catita	ditoso	de forma suave	inimaginável
brilhante	esplêndido	luminoso	bem-acabado
sublime	magnífico	deslumbrante	atraente
espetacular	pomposo	doce	pitoresco
suave	mágico	suntuoso	grandioso
poético	solene	extraordinário	
imponente	tentador	artístico	
de constituição delicada	bem-feito de corpo	feito a capricho	

PEQUENO DICIONÁRIO DE IDEIAS AFINS

FEALDADE 109

substantivos

deformidade	inelegância	hediondez
cara feia	cara antipática	falta de simetria
monstro	monstrengo	demônio
espantalho	carcaça	canhão
macaco	bruxa	
coruja	hipopótamo	

verbos

chocar o gosto	ofender o gosto	não ter ar algum
desfigurar	enfear	desmaiar os encantos

adjetivos

feio	medonho	feio como sapo
deselegante	disforme	desproporcional
desajeitado	desfavorecido	desengonçado
mal-encarado	indigesto	dentuço
beiçudo	horrendo	lúgubre
desinteressante	grosseiro	desagradável
selvagem	cadavérico	feroz
apavorante	horrível	asqueroso
feiíssimo	repugnante	repulsivo
hediondo	chocante	calvo
feio como bode	pançudo	

PEQUENO DICIONÁRIO DE IDEIAS AFINS

110 ■ DESEJO

substantivos

vontade	fantasia	esperança	apetite
necessidade	inclinação	pendor	paixão
preferência	queda	gosto	inveja
simpatia	predileção	anseio	fome
amor	agrado	pretensão	prurido
ânsia	aspiração	anelo	ardor
objetivo	mira	comichão	fervor
ansiedade	cobiça	ambição	curiosidade

PESSOA DESEJOSA

amante	admirador	aspirante
pretendente	candidato	concorrente
interessado	suplicante	solicitante

OBJETO DO DESEJO

sonho	ideal	atração
fantasia	sedução	tentação
fascinação	enlevo	provocação

verbos

desejar	ter grande desejo	querer	invejar
pedir	esperar	ter vontade	namorar
anelar	gostar de	agarrar-se a	estar sequioso
preferir	contemplar	cobiçar	pensar em
apetecer	pretender	arder por	cortejar
suspirar por	matar-se por	ter fanatismo por	dar água na boca
estar morto por	ser fanático por	ferver em desejos	
interessar-se por	estar faminto	gerar desejo	

adjetivos

desejoso	ciumento de	faminto	agradável
cheio de apetite	sequioso	sedento	desejado
ávido	sôfrego	voraz	curioso
cobiçoso	ansioso	insaciável	provocativo
invejoso	doido por	impaciente	atraente
ambicioso	desejável	cobiçável	sedutor
tentador	provocante	provocador	

PEQUENO DICIONÁRIO DE IDEIAS AFINS

INDIFERENÇA

substantivos

- neutralidade
- descaso
- desinteresse
- desdém
- gelo
- desapego
- falta de interesse
- falta de atenção
- frieza
- desprendimento
- apatia

verbos

- ser indiferente
- retrair-se
- não ter desejo de
- separar-se
- ficar neutro
- não se importar com
- desapegar-se
- aborrecer-se de
- cruzar os braços
- desdenhar
- desprender-se
- desligar-se

adjetivos

- indiferente
- sem ambição
- sem aspiração
- descuidado
- inalterável
- fútil
- desinteressado
- frígido
- despretensioso
- indesejoso
- impassível
- vão
- frio
- gelado
- neutro
- fleumático
- indesejado
- inócuo

ORGULHO

substantivos

dignidade
vaidade
aprumo
ufania

amor-próprio
arrogância
empáfia
ostentação

altivez
soberba
presunção
endeusamento

verbos

ser orgulhoso
ter menosprezo por
orgulhar-se

trazer o rei na barriga
olhar sobranceiramente
vangloriar-se

não caber no mundo
desdenhar
endeusar-se

adjetivos

orgulhoso
arrogante
insolente
inchado
intratável

altivo
desdenhoso
impostor
soberbo
majestoso

endeusado
altaneiro
presunçoso
inacessível
presumido

HUMILDADE

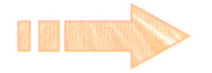

SUBSTANTIVOS

pequenez	mansidão	modéstia
meiguice	obscuridade	resignação
suavidade	brandura	humilhação
vergonha	rubor	degradação
vexame	afabilidade	timidez
baixeza	submissão	

VERBOS

ser humilde	resignar-se	baixar a cabeça
humilhar-se	ajoelhar-se	inclinar-se
envergonhar-se	curvar-se	humilhar
rebaixar	corar	vexar

ADJETIVOS

humilde	singelo	manso
simples	recatado	modesto
obscuro	humilde de coração	inofensivo
dócil	servil	submisso
tímido	afável	benigno
condescendente	abatido	resignado
envergonhado	complacente	humilhante
vexatório	obediente	

PEQUENO DICIONÁRIO DE IDEIAS AFINS

114 AMIZADE

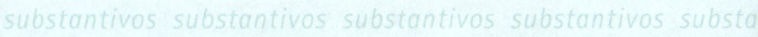

substantivos

fraternidade
amizade firme
cordialidade
confraternização
dedicação
união
confiança
afeição
estreitamento de relações

irmandade
amizade sincera
coleguismo
convívio
relações íntimas
ligação
simpatia
estima
amor

fraternização
amizade duradoura
aproximação
convivência
intimidade
laços de amizade
afeto
apreço
consideração

verbos

ser amigo
gostar de
frequentar
estar muito apegado a
afeiçoar-se
fraternizar-se
estimar

ter amizade a
ser como unha e carne
estar em convivência com
simpatizar com
estreitar as relações com
relacionar-se
apreciar

ter relações com
privar
rodear
amar
conviver
insinuar-se
ter em apreço

adjetivos

amigo
familiar
fraternal
cordial
dedicado a

amigável
bem-vindo
fraterno
amicíssimo
ligado a

amistoso
confidente
afetuoso
de muita confiança
amante de

PEQUENO DICIONÁRIO DE IDEIAS AFINS

INIMIZADE 115

substantivos

incompatibilidade
ódio
desamor
relações tensas

hostilidade
animosidade
malquerença
ressentimento

desgosto
quebra de amizade
indisposição
desarmonia

verbos

ser inimigo
cortar as relações
ser como cão
  e gato

hostilizar
romper com alguém
indispor

incompatibilizar-se
antipatizar
ter inimizade

adjetivos

inimigo
oposto
agressivo

hostil
adverso
irreconciliável

contrário
adversário
incompatível

PEQUENO DICIONÁRIO DE IDEIAS AFINS

116 CORTESIA

SUBSTANTIVOS

boas maneiras
cavalheirismo
civilidade
bom humor
amabilidade
acolhimento
atenção
favor

urbanidade
polidez
bom-tom
complacência
bondade
agrado
fineza
aperto de mão

gentileza
delicadeza
amenidade
benevolência
recepção
respeito
obséquio
abraço

VERBOS

ser cortês
saudar
beijar
tornar-se polido

dignar-se
cumprimentar
prestar homenagem
civilizar-se

servir-se
abraçar
agasalhar
humanizar-se

ADJETIVOS

cortês
urbano
respeitoso
bem-educado
atencioso
amável
franco
agradável

delicado
benigno
reverente
educado
afetivo
atento
familiar
comunicativo

civil
afável
honesto
gentil
conversável
insinuante
sincero

PEQUENO DICIONÁRIO DE IDEIAS AFINS

DESCORTESIA

SUBSTANTIVOS

deselegância
rusticidade
rudez
severidade

indelicadeza
falta de afabilidade
desrespeito
rigidez

desatenção
rispidez
brutalidade
austeridade

VERBOS

ser rude
proceder mal

não ter educação
responder asperamente

voltar as costas a
maltratar

ADJETIVOS

seco
mal-educado
irreverente
bruto
desatencioso
austero
irritadiço

rude
malcriado
ríspido
safado
mal-humorado
inacessível
agressivo

descortês
indelicado
áspero
descarado
selvagem
rabugento
deselegante

118 — AMOR

substantivos

carinho	cupido	namoro	ardor
simpatia	namorado	olhar amoroso	êxtase
admiração	cortejador	amor ardente	Vênus
intimidade	morada de amor	amor paterno	amor verdadeiro
paixão	Romeu e Julieta	amor conjugal	amor platônico
enlevo	idolatria	ninho	amor materno
amor sincero	afeição	afeto	amante
amor indestrutível	apego	adoração	apaixonado
amor filial	galanteio	atração	
dedicação	dois corações num só	ternura	

verbos

amar	estimar muito	bem-querer	cativar
gostar de	cultuar	querer a	enfeitiçar
dar a vida por	simpatizar com	sentir ternura por	insinuar-se
amar com furor	adorar	idolatrar	suspirar por
despertar paixão	encantar	atrair	desejar
apaixonar-se	deslumbrar	seduzir	fazer conquista
reinar no coração de	queimar-se nos olhos	ser fanático por alguém	prender o coração
possuir o coração de	amar com delírio	amar como um louco	abrasar de amor

adjetivos

amado	apaixonado	amador	cordial
namorador	louco de amor	namorado	amoroso
dedicado	terno	meigo	bem-amado
mimoso	suave	voluptuoso	predileto
afetuoso	maternal	paternal	sedutor
insinuante	simpático	amigável	favorito
fascinante	erótico	prezado	cativante
encantador	amado	caro	feiticeiro

ÓDIO

SUBSTANTIVOS

desamor	ira	rancor	inimigo
fúria	raiva	ressentimento	desdém
animosidade	amargura	azedume	ódio mortal
malícia	repugnância	antipatia	

VERBOS

espumar de raiva	detestar	abominar	semear ódio
ter rancor	revoltar-se contra	ter aversão a	esquivar-se
guardar ódio até a morte	ter ódio figadal	antipatizar com	odiar

ADJETIVOS

odiento	rancoroso	vingativo	odiado
iroso	implacável	hostil	malicioso
detestável	impopular	malquisto	perseguido
mau	ruim	péssimo	malévolo
antipático	repulsivo	ofensivo	invejoso
desagradável	irritante	amargo	rejeitado
injurioso	repelente	nojento	

PEQUENO DICIONÁRIO DE IDEIAS AFINS

120 RESSENTIMENTO

substantivos

desprazer	animosidade	raiva
zanga	cólera	ira
sanha	indignação	exasperação
mágoa	descontentamento	repulsão
furor	escândalo	mau humor
ofensa	aspereza	fel
ímpeto de cólera	desespero	violência

verbos

ressentir-se	magoar-se	resmungar
melindrar-se	escandalizar-se	perder a calma
irritar-se	encolerizar-se	alterar-se
estourar	enfadar-se	morder os lábios
enfurecer-se	queimar-se	impacientar-se
perder a compostura	espumar de raiva	ficar fulo de raiva
sapatear	zangar-se	amuar-se
fazer beicinho	embirrar	sair fora de si
arreganhar os dentes	bravejar	esbravejar
inflamar-se	afrontar	subir o sangue à cabeça

adjetivos

zangado	queimado	queixoso
ressentido	afrontado	colérico
raivoso	enfezado	irado
irritado	irritadiço	impaciente
incitado	furioso	ressentido
indignado	possesso	desvairado
endiabrado	louco de raiva	provocante

PEQUENO DICIONÁRIO DE IDEIAS AFINS

CARÍCIA — 121

(MANIFESTAÇÃO DE AFETO OU DE AMOR)

SUBSTANTIVOS

- arrulho
- amabilidade
- cafuné
- paparico
- aconchego
- vênia
- ósculo
- palavra amiga
- galanteio
- serenata
- ternura
- amor
- carinho
- olhar ardente
- saudação
- aperto de mão
- olhar amoroso
- fineza
- namoro
- contemplação
- desvelo
- afago
- mimo
- provocação
- cumprimento
- beijo
- dito de amor
- corte
- namorico
- confidência

VERBOS

- acariciar
- afagar com os olhos
- agasalhar
- abraçar
- estreitar ao seio
- fazer amor
- afagar
- aconchegar
- acalentar
- apertar
- lisonjear
- namoricar
- mimar
- sorrir
- fazer cafuné
- recolher nos braços
- cortejar
- noivar

ADJETIVOS

- acariciador
- amoroso
- meigo
- fraternal
- sincero
- mavioso
- carinhoso
- beijoqueiro
- cordial
- afável
- fagueiro
- provocante
- terno
- afetuoso
- paternal
- doce

PEQUENO DICIONÁRIO DE IDEIAS AFINS

PERDÃO

SUBSTANTIVOS

absolvição
indulto
misericórdia
escusa

quitação
esquecimento
reconciliação
generosidade

anistia
indulgência
desculpa
anistiado

VERBOS

perdoar
anistiar
pedir perdão

esquecer
indultar
reconciliar-se

remir
dispensar
pacificar

ADJETIVOS

perdoador
desculpável

conciliatório
perdoável

tolerante

VINGANÇA

substantivos

represália
desabafo
desforra

revide
desagravo
espírito de vingança

castigo
retaliação
ajuste de contas

verbos

vingar
saldar
revidar

ser vingativo
liquidar
tirar a limpo

tirar desforra
ajustar contas com
retaliar

adjetivos

vingativo

vingador

rancoroso

PEQUENO DICIONÁRIO DE IDEIAS AFINS

JUSTIÇA

substantivos

- equidade
- bom senso
- retidão
- inteireza
- razão
- imparcialidade
- sabedoria
- espírito reto e equilibrado
- lógica
- isenção
- integridade

verbos

- ser justo
- professar a justiça
- proceder com retidão

adjetivos

- justo
- escrupuloso
- insuspeito
- íntegro
- legal
- justiceiro
- imparcial
- consciencioso
- impecável
- conforme a justiça
- reto
- desinteressado
- nobre
- legítimo
- incensurável

INJUSTIÇA

SUBSTANTIVOS

parcialidade
sem razão
favoritismo

ingratidão
iniquidade
usurpação

desigualdade
nepotismo

VERBOS

ser injusto
praticar desatinos

desrespeitar
inspirar desconfiança

violar os direitos
vencer a iniquidade

ADJETIVOS

injusto
prevaricador
descabido
censurável
ilegal
inaceitável

parcial
maldoso
indecente
odioso
absurdo
escandaloso

suspeito
injustificável
desigual
improcedente

126 — RESPEITO

substantivos

consideração	atenção	cortesia
deferência	veneração	decoro
estima	apreço	culto
admiração	dedicação	contemplação
homenagem	fidelidade	lealdade
obediência	preito	reverência
cumprimento	mesura	vênia
saudação	beija-mão	continência

verbos

respeitar	prezar	homenagear
considerar	prestar homenagem	estimar
render preito	reverenciar	prestigiar
prestar honras	prostrar-se	inclinar-se
curvar-se	glorificar	descobrir-se
venerar	humilhar-se	fazer continência
ter em grande consideração	apresentar armas	

adjetivos

respeitoso	reverencioso	submisso
honesto	humilde	venerável
devoto	prestigioso	estimado
sacro	sagrado	respeitável

PEQUENO DICIONÁRIO DE IDEIAS AFINS

DESRESPEITO

SUBSTANTIVOS

- irreverência
- violação
- arrogância
- desatenção
- desaforo
- desonra
- ataque
- sarcasmo
- vandalismo
- descaso
- pouco caso
- desprestígio
- afronta
- insulto
- agressão
- apupo
- profanação
- negligência
- desacato
- injúria
- vexame
- impropério
- descortesia
- gesto obsceno

VERBOS

- desrespeitar
- ser irreverente
- desdenhar
- agredir
- xingar
- mofar
- vaiar
- desprezar
- maltratar
- afrontar
- cuspir
- injuriar
- assobiar
- atirar ovo podre
- desconsiderar
- voltar as costas a
- insultar
- aviltar
- ridicularizar
- apedrejar

ADJETIVOS

- desrespeitoso
- desdenhoso
- agressivo
- vilão
- ofensivo
- desatencioso
- insultante
- descortês
- sarcástico
- ultrajante
- irreverente
- insultuoso
- rude
- injurioso

PEQUENO DICIONÁRIO DE IDEIAS AFINS

PUREZA

substantivos

- honestidade
- castidade
- limpidez
- decência
- modéstia
- singeleza
- inocência
- virgindade
- virtude
- honra
- simplicidade
- virgem
- recato
- limpeza
- decoro
- pudor
- vergonha
- donzela

verbos

- ser inocente
- mortificar os apetites

adjetivos

- puro
- casto
- honesto
- decoroso
- honrado
- angelical
- alvo
- intato
- recatado
- inocente
- digno
- platônico
- infantil
- imaculado
- cândido
- pudico
- decente
- virtuoso
- angélico
- branco
- isento de malícia

IMPUREZA

substantivos

indecência	desonestidade	corrupção
luxúria	carnalidade	concupiscência
podridão	devassidão	sedução
pecado	depravação	corno
amor incestuoso	defloramento	bordel
poluição	ultraje ao pudor	pornografia
adultério	infidelidade conjugal	sensualidade
concubinato	harém	pouca-vergonha
vida de bordel	obscenidade	
dissolução dos costumes	licenciosidade	

verbos

ser devasso	ultrajar	manchar
macular	seduzir	amancebar-se
desencaminhar	poluir	prostituir-se
estuprar	incestar	cometer adultério
amasiar-se	amigar-se	dizer obscenidades
prevaricar	transviar	
corromper	desonrar	

adjetivos

pornográfico	impuro	indecoroso
desonesto	indecente	desbocado
impudico	irreverente	vergonhoso
grosseiro	obsceno	pecaminoso
imoral	malicioso	erótico
repelente	repulsivo	venéreo
provocante	afrodisíaco	devasso
voluptuoso	luxurioso	descomedido
podre	corrupto	adúltero
incestuoso	perdido	escandaloso
sujo	imundo	

PEQUENO DICIONÁRIO DE IDEIAS AFINS

130 — INTELIGÊNCIA

substantivos

bom senso	talento	cérebro	gênio
juízo	engenho	águia	inspiração
ideia	espírito	olhos de lince	alma
habilidade	agudeza	sabedoria	talento
capacidade	perspicácia	sapiência	método
assimilação	acuidade	tento	prudência
compenetração	sutileza	juízo	reflexão
intelecto	lucidez	tino	comedimento
entendimento	discernimento	siso	moderação
sagacidade	argúcia	razão	compreensão
finura	discriminação	solidez	
vivacidade	esperteza	profundeza	

verbos

compreender	perceber no ar	prever	ver longe
pescar	fisgar	ser águia	ganhar juízo
avistar	penetrar	ter bom olho	refletir
apanhar	descortinar	discriminar	regular
andar direito	discernir	ser hábil	não errar
ter olhos de águia	governar	ter juízo	

adjetivos

inteligente	clarividente	razoável	sensato
sagaz	penetrante	moderado	sabido
perspicaz	brilhante	comedido	metódico
atilado	imaginoso	sério	grave
perscrutador	apto	ajuizado	mesurado
vivo	hábil	criterioso	de espírito forte
sutil	fecundo	regrado	são
fino	astuto	reto	sadio
pronto	que enxerga longe	firme	arguto
genial	esperto	composto	sapiente
avisado	sábio	forte	prudente

PEQUENO DICIONÁRIO DE IDEIAS AFINS

IMBECILIDADE 131

substantivos

- estupidez
- leviandade
- inaptidão
- incapacidade
- insuficiência
- parvoíce
- tacanhez
- futilidade
- tolice
- perda das faculdades intelectuais
- estultícia
- rudeza
- boçalidade
- desatino
- inépcia
- idiotia
- idiotismo
- basbaquice
- incompetência
- inteligência acanhada
- irreflexão
- insensatez
- demência
- insipiência
- insanidade
- ligeireza
- banalidade
- meninice
- frivolidade
- espírito embotado
- criancice
- infantilidade
- tontice
- maluquice
- ingenuidade
- simplicidade
- bestialidade
- cabeça oca
- imprudência
- pobreza de espírito

verbos

- não ter miolos
- não ter senso
- não ter bom senso
- não ver um palmo diante do nariz
- ser oco da cabeça
- doidejar
- disparatar
- cair em demência
- ser duro da moleira
- dizer tolices
- bobear
- infantilizar
- ser de pouco alcance
- não ligar duas ideias
- ensandecer
- boçalizar
- futilizar

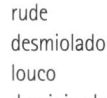

adjetivos

- rude
- desmiolado
- louco
- desajuizado
- sem juízo
- precipitado
- cretino
- bestial
- estúpido
- sandeu
- adoidado
- imbecil
- idiota
- palerma
- grosseiro
- pateta
- mediocre
- tapado
- lerdo
- mentecapto
- irresponsável
- orelhudo
- burro
- bronco
- irrefletido
- insensato
- tolo
- infantil
- inconveniente
- ridículo
- insano

PEQUENO DICIONÁRIO DE IDEIAS AFINS

132 VIOLÊNCIA

substantivos

brutalidade	braveza	ferocidade	convulsão
inclemência	desespero	exacerbação	histerismo
veemência	cólera	exacerbamento	tremor
impetuosidade	fervor	irritação	paixão
fúria	fervura	insânia	acesso de fúria
força	turbulência	exasperação	inquietação
poder	fragor	ultraje	erupção
ímpeto	tumulto	choque	explosão
furor	confusão	abalo	arrebentação
loucura	algazarra	espasmo	agitação

verbos

ser violento	acometer	vociferar	revolver-se
tornar-se irado	bramir	espernear	estalar
quebrar a paz	bramar	esbravejar	desencadear
precipitar-se	bradar	enfurecer-se	explodir
desvairar-se	alterar-se	rugir como leão	estourar
investir	debater-se	derrubar	encolerizar-se
correr desvairadamente	agitar-se convulsivamente	tornar-se impetuoso	estrebuchar-se assaltar

adjetivos

violento	tormentoso	tempestuoso	selvagem
agudo	turbulento	extravagante	insano
afiado	irrequieto	encrespado	desesperado
penetrante	desordenado	irado	furioso
áspero	agitado	enfurecido	ruidoso
rude	convulso	endiabrado	irritado
cortante	estrondoso	sôfrego	histérico
arrogante	louco	indomável	embravecido
brusco	raivoso	desatinado	agressivo
abrupto	revolto	desvairado	indomado
impertinente	tumultuado	bravo	
impetuoso	descabelado	incontrolável	
torrentoso	bravio	implacável	

PEQUENO DICIONÁRIO DE IDEIAS AFINS

MODERAÇÃO 133

substantivos

brandura	placidez	tranquilidade	tranquilização
temperança	quietação	inalterabilidade	alívio
comedimento	quietude	pacatez	lenitivo
meio-termo	mansidão	inação	frescor
modéstia	apaziguamento	bonança	refrigério
parcimônia	sossego	benignidade	contemporização
abrandamento	calma	serenidade	pacificação
resfriamento	paz	limpidez	relaxação
afrouxamento	remanso	cafuné	controle
sobriedade	suavidade	bálsamo	

verbos

ser moderado	apaziguar	relaxar	amenizar
contemporizar	tranquilizar	modificar	amortecer
manter a paz	acalentar	reprimir	quietar
comedir-se	sossegar	subjugar	abafar
amainar	serenar	debelar	pacificar
moderar	suavizar	desencolerizar	atenuar
acalmar	abater	afrouxar	abrandar
aplacar	aquietar	enfraquecer	diminuir

adjetivos

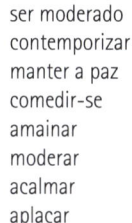

moderado	suave	razoável	dormente
lenitivo	manso	plácido	parado
comedido	tolerável	sossegado	medido
brando	inalterável	tranquilo	compassado
gentil	sereno	calmo	pacífico
fraco	temperado	quieto	

advérbios

moderadamente	a fogo brando	devagarinho	pouco a pouco
pé ante pé	gradativamente	metodicamente	a meia velocidade
dentro dos limites traçados			

PEQUENO DICIONÁRIO DE IDEIAS AFINS

CORAGEM

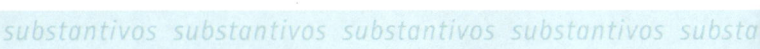

substantivos

braveza	bravura	destemor
valentia	brio	arrojo
ousadia	audácia	atrevimento
impetuosidade	heroísmo	proeza
confiança	façanha	

verbos

ser corajoso	encarar o perigo	desafiar o perigo
animar-se	atrever-se	afoitar-se
arriscar-se	ousar	enfrentar o perigo

adjetivos

corajoso	bravo	valente
intrépido	destemido	topetudo
brioso	guapo	afoito
arrojado	audaz	audacioso
atrevido	resoluto	heroico
guerreiro	feroz	varonil
viril	forte	confiante

COVARDIA

substantivos

moleza	fraqueza	acovardamento
covarde	pusilânime	fujão
maricas	homem de palha	moleirão

verbos

ser covarde	ter medo de	fugir
acovardar-se	humilhar-se	morrer de medo
desistir	recuar	desertar do posto

adjetivos

covarde	mole	melindroso
fraco	desprezível	indigno
vil	molengo	

136 MEDO

substantivos

pânico
temor
desconfiança
suspeita
nervosismo
palpitação
calafrio
sobressalto
espanto

pavor
receio
ansiedade
escrúpulo
intranquilidade
arrepios
o tiritar de queixo
alvoroço
horror

terror
timidez
hesitação
mal-estar
tremor
suor frio
o bater de dentes
inquietação

OBJETOS DE MEDO

fantasma
sombra
demônio
alma penada
mula sem cabeça
saci-pererê

aparição
espantalho
alma
alma do outro mundo
caipora
assombração

duende
espírito
pesadelo
bruxa
lobisomem

verbos

temer
perturbar-se
desmaiar
empalidecer
alvoroçar
amedrontar

ter medo
pelar-se de medo
assustar-se
acovardar-se
sobressaltar-se
assombrar

inquietar-se
ficar perplexo
arrepiar os cabelos
desfalecer
atemorizar
arrepiar

adjetivos

tímido
nervoso
apreensivo
assustado
sinistro
horroroso
tétrico

fraco
prevenido
inquieto
assustadiço
hediondo
pavoroso
medroso

trêmulo
intranquilo
imóvel
arrepiante
medonho
apavorante

PEQUENO DICIONÁRIO DE IDEIAS AFINS

ÍNDICE

A

abafadiço, 55
abafado, 66
abafar
  calor, 55
  moderação, 133
abaixar, 10
abaixo
  estar – de, 8
abalar
  destruição, 28
  agitação, 43
abalo
  sentimento, 103
  violência, 132
abandonado
  pobreza, 102
  tristeza, 107
abastado, 101
abastança, 101
abater, 133
abater-se, 107
abatido
  andar –, 107
  estar –, 107
  parecer –, 107
  velhice, 18
  fraqueza, 26
  sofrimento, 105
  tristeza, 107
  humildade, 113
abatimento
  sofrimento, 105
  tristeza, 107
abdicação, 96
abdicar, 96
abeirar-se, 34
aberto, 37
  estar –, 37
abertura, 37
  começo, 13

abolição, 28
abominar, 119
abonado, 101
aborígine, 29
aborrecer-se de, 111
aborrecimento, 105
abotoar, 38
abraçar
  cortesia, 116
  carícia, 121
abraço, 116
abrandamento, 133
abrandar
  repouso, 40
  moderação, 133
abrasador, 55
  calor –, 55
abrasamento, 55
abrasar
  – de amor, 118
abrasar-se, 103
abreviar, 10
abrigar, 25
abrigo, 30
abrir
  – a porta a, 13
  começo, 13
  abertura, 37
abrupto, 132
absolutamente, 84
absoluto
  silêncio –, 64
  superioridade, 7
  certeza, 77
  afirmação, 83
  autoridade, 95
absolvição, 122
absorto
  sentimento, 103
  prazer, 104
absurdo, 125

abundância, 101
abundante, 5
acabado
  estar –, 18, 94
acabamento
  fim, 14
acabar
  fim, 14
  desaparecimento, 74
acabar-se, 48
acabrunhado
  sofrimento, 105
  tristeza, 107
acalentar
  carícia, 121
  moderação, 133
acalmado, 40
acalmar
  repouso, 40
  moderação, 133
acarretar, 23
acariciador, 121
acariciar
  sentimento, 103
  carícia, 121
acéfalo, 96
aceito, 77
acelerar, 41
acender, 55
acentuar, 75
acessível, 37
acessório, 88
achegado, 34
acinzentar, 70
acionar, 39
aclarar
  luz, 67
  brancura, 71
aço, 25
açoite, 54
acolá, 33

acolhimento, 116
acometer, 132
acomodar-se, 11
aconchegado, 53
aconchegar, 121
aconchego
   prazer, 53, 104
   carícia, 121
acordo
   simetria, 35
   paz, 92
acovardamento, 135
acovardar-se
   medo, 136
   covardia, 135
acrimônia, 60
acromático, 70
acromatismo, 70
acuidade, 130
acumular, 9
acústica, 63
adequado, 89
adesão, 98
adiante
   lá mais –, 33
adicional, 9
adjacência, 34
administração, 95
administrar, 95
administrativo, 95
admiração
   causar –, 108
   excitar a –, 108
   amor, 118
   respeito, 126
admirador, 110
admitir
   não – discussão, 77
adoidado, 131
adoração, 118
adorar, 118
adorável, 108

adormecer
   – para sempre, 48
   repouso, 40
   insensibilidade, 52
adormecimento, 46
adultério, 129
   cometer –, 129
adúltero, 129
adversário
   oposição, 85
   inimizade, 115
adverso
   oposição, 85
   inimizade, 115
advertência, 75
advir, 24
afabilidade, 113
   falta de –, 117
afagar, 121
   – com os olhos, 121
afago, 121
afastadamente, 33
afastado, 33
   conservar-se –, 33
afastamento, 33
afastar-se, 33
afável
   humildade, 113
   cortesia, 116
   carícia, 121
afeição
   sentimento, 103
   amizade, 114
   amor, 118
afeiçoar-se, 114
afetivo, 116
afeto
   amizade, 114
   amor, 118
afetuoso
   sentimento, 103
   amizade, 114

   amor, 118
   carícia, 121
afiado, 132
afirmação, 83
afirmar, 83
afirmativa, 83
afirmativamente, 83
afirmativo, 83
aflição
   sofrimento, 105
   tristeza, 107
afligir, 54
afligir-se, 103
aflito
   sofrimento, 105
   tristeza, 107
aflorar, 13
afoitar-se, 134
afoito, 134
africano
   habitante, 29
   pretidão, 72
afrodisíaco, 129
afronta, 127
afrontado, 120
afrontar
   oposição, 85
   ressentimento, 120
   desrespeito, 127
afrouxamento, 133
afrouxar
   fraqueza, 26
   lentidão, 42
   moderação, 133
agasalhar
   cortesia, 116
   carícia, 121
agasalho, 55
agarrar-se a, 110
agente, 23
agigantado, 31
ágil, 41

A

agitação, 43
  desordem, 12
  movimento, 39
  sentimento, 103
  violência, 132
agitado
  ser –, 43
  violência, 132
agitador, 97
agitar
  agitação, 43
  desobediência, 97
agitar-se, 39
agonia
  fim, 14
  dor, 54
  sofrimento, 105
agoniar-se, 105
agonizar
  fim, 14
  morte, 48
agradar-se, 104
agradável
  ter sensações –, 104
  vida –, 104
  prazer, 53
  desejo, 110
  cortesia, 116
agrado
  prazer, 104
  desejo, 110
  cortesia, 116
agravamento, 9
agredir, 127
agressão, 127
agressivo
  oposição, 85
  inimizade, 115
  descortesia, 117
  desrespeito, 127
  violência, 132
agricultor, 29

agrisalhar-se, 18
agrupado, 21
agrupamento, 21
agrupar, 21
água
  dar – na boca, 110
  desprovido de –, 50
aguado, 58
aguar
  umidade, 49
  insipidez, 58
aguçar, 51
agudeza, 130
agudo
  sensibilidade, 51
  dor, 54
  barulho, 65
  violência, 132
águia, 130
  ser –, 130
  ter olhos de –, 130
ajoelhar-se, 113
ajudar, 89
ajuizado, 130
ajuntamento, 21
ajuntar
  reunião, 21
  riqueza, 101
ajuste, 92
alameda, 30
alargar-se, 9
alarido, 12
alastrar, 22
alastrar-se, 9
albergue, 30
alçada, 95
alcance
  ao – de, 34
  estar ao – de, 34
  estar fora do –, 33
  ser de pouco –, 131
aldeia, 30

alegar, 83
alegrar-se
  prazer, 104
  alegria, 106
alegre
  estar –, 106
  ser –, 106
  cor, 69
  prazer, 104
  alegria, 106
alegria, 106
  arrebatado de –, 104
  prazer, 104
aleluia, 104
além, 33
  muito –, 33
alfabeto, 13
alfazema, 61
alfinete
  cabeça de –, 32
algazarra
  desordem, 12
  barulho, 65
  violência, 132
aliança
  estabelecer –, 86
aliar-se, 86
alicerçar, 25
alicerce, 23
  lançar os –, 13, 27
alimentar
  utilidade, 89
  sentimento, 103
alinhamento, 11
alívio, 133
aljôfar, 49
alma, 136
  – do outro mundo, 136
  – penada, 136
  habitante, 29
  medo, 136
  inteligência, 130

A

alpendre, 30
alquebrado
  velhice, 18
  fraqueza, 26
altaneiro, 112
alteração, 19
alterar, 19
  não – uma linha, 20
alterar-se
  ressentimento, 120
  violência, 132
altivez, 112
altivo, 112
alto
  mais –, 7
  grandeza, 5
  barulho, 65
alumiar, 67
alva, 15
alvacento
  acromatismo, 70
  brancura, 71
alvejar, 71
alvo
  brancura, 71
  pureza, 128
alvor, 15
  primeiro – da manhã, 15
alvorada, 15
alvorecer, 15
alvoroçar
  desobediência, 97
  medo, 136
alvoroço
  desordem, 12
  barulho, 65
  medo, 136
alvura, 71
amabilidade
  cortesia, 116
  carícia, 121
amado, 118

amador, 118
âmago, 87
amainar, 133
amamentar, 17
amancebar-se, 129
amanhecer, 15
amante (de)
  desejo, 110
  amizade, 114
  amor, 118
amar
  – com delírio, 118
  – com furor, 118
  – como um louco, 118
  amizade, 114
  amor, 118
amarelecer, 70
amargar, 60
amargo
  amargura, 60
  ódio, 119
amargor, 60
amargoso, 60
amargura, 60
  sorver o cálice
    da –, 105
  sofrimento, 105
  ódio, 119
amasiar-se, 129
amável, 116
ambição, 110
  sem –, 111
ambicioso, 110
ambiguidade, 78
amedrontar, 136
amenidade, 116
amenizar, 133
americano, 29
amicíssimo, 114
amigar-se, 129
amigável
  amizade, 114

  amor, 118
amigo
  cara de poucos –, 107
  palavra –, 121
  ser –, 114
  obediência, 98
  amizade, 114
amistoso, 114
amizade, 114
  – duradoura, 114
  – firme, 114
  – sincera, 114
  laços de –, 114
  quebra de –, 115
  ter – a, 114
  paz, 92
amoedar, 27
amontoar, 21
amor, 118
  – ardente, 118
  – conjugal, 118
  – filial, 118
  – incestuoso, 129
  – indestrutível, 118
  – materno, 118
  – paterno, 118
  – platônico, 118
  – sincero, 118
  – verdadeiro, 118
  abrasar de –, 118
  dito de –, 121
  fazer –, 121
  louco de –, 118
  morada de –, 118
  sentimento, 103
  desejo, 110
  amizade, 114
  carícia, 121
amorfo, 36
amoroso
  olhar –, 118, 121
  sentimento, 103

A

amor, 118
carícia, 121
amor-próprio, 112
amortalhado, 48
amortecer
  insensibilidade, 52
  moderação, 133
amotinação, 97
amotinar, 97
amparo, 95
ampliação, 9
ampliar, 9
amplidão
  grandeza, 5
  tamanho, 31
amplificação, 9
amplificar, 9
amplificável, 9
amplitude, 31
amplo
  grandeza, 5
  tamanho, 31
amputação, 10
amputar, 10
amuado, 107
amuar, 107
amuar-se, 120
analfabeto, 80
analgésico, 52
análise, 75
anão, 32
anarquia, 96
  desordem, 12
anárquico
  desordem, 12
  anarquia, 96
anarquista, 97
ancião, 18
andar
  movimento, 39
  – *direito*, 130
anelar, 110

anelo, 110
anemia, 26
anestesiante, 52
anestesiar, 52
anestésico, 52
angelical, 128
angélico, 128
angústia
  dor, 54
  sofrimento, 105
animação
  sentimento, 103
  alegria, 106
animado, 47
animar, 106
animar-se
  sentimento, 103
  coragem, 134
animosidade
  inimizade, 115
  ódio, 119
  ressentimento, 120
aniquilação, 28
aniquilamento, 28
aniquilar-se, 28
anistia, 122
anistiado, 122
anistiar, 122
anjo, 108
anos
  estar na flor dos –, 17
  a flor dos –, 17
  o peso dos –, 18
  render-se aos –, 18
anoitecer
  ao –, 16
  o –, 16
  tarde, 16
  obscuridade, 68
anomalia, 12
anormal, 12
anseio, 110

ânsia
  amargura, 60
  desejo, 110
ansiedade
  desejo, 110
  medo, 136
ansioso
  sentimento, 103
  sofrimento, 105
  desejo, 110
antagônico, 85
antagonismo, 85
antagonista, 91
antemanhã, 15
antepasto, 59
antipatia, 119
antipático, 119
  cara –, 109
antipatizar (com)
  inimizade, 115
  ódio, 119
antologia, 21
anular
  destruição, 28
  inutilidade, 90
apagar
  – a luz, 68
  o – das luzes, 14
  destruição, 28
  desaparecimento, 74
apagado
  acromatismo, 70
  tristeza, 107
apaixonado
  sentimento, 103
  amor, 118
apaixonar-se, 118
apalpação, 45
apalpão, 45
apalpar, 45
apalpo, 45
apanhar, 45

– sereno, 49
inteligência, 130
aparato, 73
aparecer
   começo, 13
   manhã, 15
   produção, 27
   aparecimento, 73
aparecimento, 73
aparência, 73
   na –, 73
aparentar, 73
aparente, 73
aparentemente, 73
aparição, 136
apatia
   fraqueza, 26
   repouso, 40
   indiferença, 111
apavorante
   fealdade, 109
   medo, 136
apaziguador, 92
apaziguamento, 133
apaziguar
   paz, 92
   moderação, 133
apedrejar, 127
apegado
   estar muito – a, 114
apego, 118
apêndice, 88
aperitivo, 59
apertado, 21
apertar, 121
aperto, 102
apesar de, 85
apetecer
   sabor, 59
   desejo, 110
apetecível, 59
apetitar, 59

apetite, 110
   cheio de –, 110
   mortificar os –, 128
apetitoso, 59
aplacar, 133
aplicado
   atenção, 75
   obediência, 98
aplicável, 89
apogeu, 33
apoio
   cooperação, 86
   obediência, 98
aposentado, 18
apoteose, 14
aprazível, 53
apreciar
   prazer, 53
   sabor, 59
   conhecimento, 79
   amizade, 114
apreço
   ter em –, 114
   importância, 87
   amizade, 114
   respeito, 126
apreender, 79
apreensão, 79
apreensivo
   tristeza, 107
   medo, 136
apresentar, 73
apressado, 41
apressar-se, 39
aprimorar, 7
aprofundar, 9
aproveitar, 93
aproveitável, 89
aproximação, 114
aproximar-se, 34
aprumo
   beleza, 108

   orgulho, 112
aptidão, 89
apto, 130
apupo, 127
apuro, 102
   viver em –, 102
aquarela, 69
aquecer, 55
aquém, 34
aqui, 34
aquiescência, 98
aquietar
   repouso, 40
   paz, 92
   moderação, 133
aquoso, 49
ar, 73
   não ter – algum, 109
   perceber no –, 130
   ter – de, 73
arbitrário, 95
   autoridade, 95
ardente
   amor –, 118
   olhar –, 121
   calor, 55
   sentimento, 103
arder
   – por, 110
   calor, 55
   luz, 67
ardor
   calor, 55
   sentimento, 103
   desejo, 110
   amor, 118
ardoroso, 103
arejar, 37
arfar, 103
argênteo
   luz, 67
   brancura, 71

A

argúcia, 130
arguto, 130
aridez, 50
árido, 50
aristocracia, 95
arma
 – fratricidas, 91
 apresentar –, 126
 recorrer às –, 91
armar, 91
armistício, 92
aromático, 61
aromatizante, 61
aromatizar, 61
arquejo, 66
arquimilionário, 101
arquipélago, 21
arquitetônico, 27
arquitetura, 27
arraial, 30
arranha-céu, 30
arranhar, 44
arranjo, 11
arrebatado, 103
 – de alegria, 104
arrebatamento
 sentimento, 103
 prazer, 104
arrebentação, 132
arrebol, 16
arredores
 morada, 30
 proximidade, 34
arrendatário, 29
arrepiante, 136
arrepiar, 136
arrepiar-se, 56
arrepio, 56
arrepios, 136
arretar
 ao –, 23
arriscar-se, 134

arrogância
 orgulho, 112
 desrespeito, 127
arrogante
 desobediência, 97
 orgulho, 112
 violência, 132
arrojado, 134
arrojo, 134
arroubado, 104
arroubar-se, 104
arroubo
 sentimento, 103
 prazer, 104
arruaça, 12
arruaceiro, 97
arruinado, 94
arruinamento, 94
arruinar
 destruição, 28
 pobreza, 102
arruinar-se, 102
arrulho, 121
arte
 obra de –, 27
artefato, 27
artéria, 30
ártico, 56
artifício, 27
artilharia, 65
artístico, 108
ascensão
 aumento, 9
 autoridade, 95
asfixiante, 55
asiático, 29
asneira, 82
aspecto
 ao primeiro –, 73
aspereza, 120
áspero
 descortesia, 117

 violência, 132
aspersão, 49
aspiração, 110
 sem –, 111
aspirante, 110
asqueroso, 109
assaltar, 132
assegurar
 certeza, 77
 afirmação, 83
assembleia, 21
asseverar, 83
assimetria, 36
 desigualdade, 4
 desordem, 12
assimétrico
 desigualdade, 4
 desordem, 12
 assimetria, 36
assimilação, 130
assobiar
 som, 63
 desrespeito, 127
associação, 86
associar-se, 86
assomar, 73
assombração, 136
assombrar
 obscuridade, 68
 medo, 136
assuntar, 75
assustadiço, 136
assustado, 136
assustar-se, 136
astuto, 130
atacar, 85
ataque, 127
atear, 55
atemorizar, 136
atenção, 75
 atrair a –, 87
 chamar a –, 108

A B

com muita –, 75
desviar a –, 76
falta de –, 111
merecer a –, 87
não prestar –, 76
prestar –, 75
cortesia, 116
respeito, 126
atencioso
atenção, 75
cortesia, 116
atentamente, 75
atento
estar –, 75
atenção, 75
cortesia, 116
atenuar, 133
atestar
certeza, 77
afirmação, 83
atilado, 130
atirar
– aos ventos, 22
atitude, 73
ativo
vida, 47
sentimento, 103
Atlas, 25
atlético, 25
constituição –, 25
atolar-se, 94
atômico, 32
átomo, 32
atordoar, 52
atormentado, 105
atormentar, 54
atormentar-se, 103
atração
desejo, 110
amor, 118
atraente
beleza, 108

desejo, 110
atrair, 118
atrapalhado, 76
atrasar-se, 42
atravessar, 37
atrever-se, 134
atrevido, 134
atrevimento, 134
atribuições
ir além de suas –, 96
atrito, 85
atrofia, 26
atrofiar, 26
audácia, 134
audacioso, 134
audaz, 134
audível, 63
auge
chegar ao –, 9
aumentado, 9
aumentar
grandeza, 5
superioridade, 7
aumento, 9
aumentativo, 9
aumento, 9
aura, 47
aureolar, 67
aurora
– da existência, 17
começo, 13
manhã, 15
auroral, 15
austeridade, 117
austero, 117
autenticidade, 81
autocracia, 95
autóctone, 29
autonomia
anarquia, 96
liberdade, 99
autônomo, 99

autoridade, 95
agir sem –, 96
desrespeitar a –, 97
ensinar com –, 77
exercer a –, 95
autoritário, 95
autorizar, 95
auxiliar, 89
avançada
idade –, 18
ave-maria, 16
avenida, 30
aversão
ter – a, 119
avessas
estar às –, 12
avião, 108
ávido
sentimento, 103
desejo, 110
aviltar, 127
avisado, 130
avistar, 130
avistável, 34
avivar
sensibilidade, 51
cor, 69
avolumar-se, 9
avulso, 22
avultar
grandeza, 5
tamanho, 31
azedume
amargura, 60
ódio, 119
azeviche, 72

B

Babel, 12

B

Babilônia, 12
babilônico, 12
badalar, 63
bagagem
  – científica, 79
  – literária, 79
bairro, 30
baixa, 10
baixeza
  inferioridade, 8
  pequenez, 32
  humildade, 113
baixo
  de – estatura, 32
  pouquidão, 6
  sussurro, 66
bala, 41
balançar, 3
balbuciar
  infância, 17
  sussurro, 66
balbúrdia
  desordem, 12
  barulho, 65
bálsamo
  fragrância, 61
  moderação, 133
banal, 88
banalidade
  insignificância, 88
  imbecilidade, 131
banguelo, 36
bando, 21
bangalô, 30
banir, 28
baque, 94
barato, 8
barrar, 38
barreira, 14
barriga
  trazer o rei na –, 112
barrigudo

assimetria, 36
barulhento, 65
barulho, 65
  som, 63
basbaquice, 131
base, 23
batalha, 91
  ganhar a –, 93
batalhar, 91
bater, 63
  – à porta, 34
  – de dentes, 56
  – o queixo, 56
bê-á-bá, 13
beco, 30
beicinho
  fazer –, 120
beiços
  lamber os –, 57, 59
beiçudo
  assimetria, 36
  fealdade, 109
beija-mão, 126
beijar, 116
beijoqueiro, 121
beijo, 121
beira
  à – de, 34
  sem eira nem –, 102
beleza, 108
  ostentar –, 108
  simetria, 35
bélico, 91
beliscão, 54
belo
  ser –, 108
  simetria, 35
  beleza, 108
bem, 89
bem-acabado
  simetria, 35
  beleza, 108

bem-amado, 118
bem-aventurança, 104
bem-educado, 116
bem-estar
  prazer, 53, 104
bem-feito, 35
bem-humorado
  estar –, 106
bem-proporcionado, 35
bem-querer, 118
bem-sucedido, 93
  ser –, 93
bem-vindo, 114
bênção, 104
bendito, 104
beneficiar, 89
benefício, 89
benéfico, 89
benevolência, 116
benignidade, 133
benigno
  humildade, 113
  cortesia, 116
bens, 101
berço
  causa, 23
  morada, 30
berrante, 69
berrar
  – a valer, 65
berreiro, 65
bestial, 131
bestialidade, 131
Bíblia, 77
bimbalhada, 63
bloquear, 38
bloqueio, 38
bobear, 131
boca, 37
  – da noite, 16
  à – da noite, 16
  dar água na –, 110

tapar a –, 64
bocados
  passar maus –, 105
boçalidade, 131
boçalizar, 131
boiada
  estouro da –, 22
bojo
  trazer no –, 23
bojudo, 36
bolor
  umidade, 49
  fedor, 62
bolsa
  – vazia, 102
bonachão
  paz, 92
  alegria, 106
bonança
  paz, 92
  moderação, 133
bondade, 116
bonito, 108
borbulhar, 63
bordel, 129
  vida de –, 129
borrifar
  dispersão, 22
  umidade, 49
borrifo, 49
botão, 13
botequim, 30
braços
  cruzar os –, 111
  recolher nos –, 121
bradar
  barulho, 65
  violência, 132
bramar
  som, 63
  barulho, 65
  violência, 132

bramido, 65
bramir
  som, 63
  violência, 132
branco
  cabelos –, 18
  tornar –, 71
  brancura, 71
  pureza, 128
brancura, 71
brandir, 43
brando
  sussurro, 66
  acromatismo, 70
  moderação, 133
brandura
  humilde, 113
  moderação, 133
branquear, 71
brasa, 55
brasileiro, 29
bravejar
  som, 63
  ressentimento, 120
braveza
  coragem, 134
  violência, 132
bravio, 132
bravo
  coragem, 134
  violência, 132
bravura, 134
brecha, 37
breu, 72
brevidade, 32
brigão, 97
briguento, 91
brilhante
  luz, 67
  cor, 69
  beleza, 108
  inteligência, 130

brilhar
  manhã, 15
  luz, 67
brilho
  luz, 67
  cor, 69
brincalhão, 106
brincar, 106
brio, 134
brioso, 134
bronco
  assimetria, 36
  ignorância, 80
  imbecilidade, 131
brotar
  começo, 13
  efeito, 24
brusco, 132
brutalidade
  descortesia, 117
  violência, 132
bruto
  força –, 25
  tamanho, 31
  descortesia, 117
bruxa
  fealdade, 109
  medo, 136
burburinhar, 63
burrice, 80
burro, 131

c

cabana, 30
cabeça
  – de alfinete, 32
  baixar a –, 113
  coçar a –, 78
  – oca, 80, 131

C

dor de –, 54
ser oco da –, 131
subir o sangue à –, 120
cabelos
– brancos, 18
arrepiar os –, 136
cabisbaixo, 107
caco
estar um –, 18
cadavérico, 109
cadeia, 100
cadência
ordem, 11
movimento, 39
caducar, 18
caduco, 18
cafuné
fazer –, 121
moderação, 133
cãibra, 54
caiçara, 29
caído, 107
caipora, 136
cair, 94
ao – do sol, 16
ao – das trevas, 16
– em demência, 131
calada
– da noite, 64
calado, 64
calafetagem, 38
calafrio
frio, 56
sentimento, 103
medo, 136
calar, 64
calcanhar de judas, 33
cálculo, 77
caído, 107
cálice
sorver o – da amargura, 105

calma, 40
perder a –, 120
moderação, 133
calmaria, 40
calmo
paz, 92
moderação, 133
calor, 55
– abrasador, 55
– causticante, 55
– intenso, 55
fazer –, 55
sentimento, 103
amor, 118
calorífero, 55
caloroso, 103
calvário, 105
calvo, 109
caminhada, 39
caminhar, 39
caminho, 37
– aberto, 99
a – da ruína, 28
campo
ter o – livre, 99
canal, 37
candeio, 55
candidato, 110
cândido
brancura, 71
pureza, 128
candura, 71
canhão
barulho, 65
fealdade, 109
canícula, 55
cantar, 63
ao – do galo, 15
cão
ser como – e gato, 115
caos, 12
caótico, 12

capacidade
força, 25
tamanho, 31
inteligência, 130
capiau, 29
capital
morada, 30
importância, 87
riqueza, 101
capitalista, 101
capitania, 95
capricho
feito a –, 108
cara
– a cara, 34
– antipática, 109
– feia, 109
carcaça, 109
cárcere, 30
carecer
– de importância, 8
– de tudo, 102
cargo, 95
desempenhar um –, 95
carícia, 121
carinho, 118, 121
carinhoso, 121
carnalidade, 129
carnaval, 12
carne
perfurar a –, 54
ser como unha e –, 114
carniça, 62
carnudo, 31
caro, 118
carrancudo, 107
fisionomia –, 107
carreira, 39
– vertiginosa, 41
carvalho, 25
cãs
cobrir-se de –, 18

c

casa, 30
  paterna, 30
caseiro, 30
caso
  pouco –, 127
castelo, 30
castidade, 128
castigo
  sofrimento, 105
  vingança, 123
casto, 128
catatau, 32
categórico
  certeza, 77
  exatidão, 81
  afirmação, 83
catinga, 62
catingar, 62
catinguento, 62
catita, 108
cativante, 118
cativar, 118
cativeiro, 100
cativo, 100
cauda, 14
causa, 23
  – geradora, 23
  com conhecimento
  de –, 83
  ser a – de, 23
  ser a – determinante, 23
causado por, 24
causador, 23
causal, 23
causalidade, 23
causar
  – sensação, 51
  causa, 23
  produção, 27
causticante, 55
  calor –, 55
cavalheirismo, 116

cavar, 37
cebola, 62
ceder
  não – um passo, 20
célere, 41
celeuma, 12
cena, 73
cenário, 73
  apresentar outro –, 19
censurável
  erro, 82
  injustiça, 125
centelha, 67
cerca de, 34
cercania, 34
cercar, 38
cerco, 38
cérebro, 130
cerrado, 38
cerrar, 38
certamente, 77
certeza, 77
  com –, 77
  exatidão, 81
certificar
  certeza, 77
  afirmação, 83
certíssimo, 77
certo
  coisa –, 77
  ser –, 77
  certeza, 77
  exatidão, 81
cessar, 14
céu
  ir-se para o –, 48
  subir ao –, 48
chácara, 30
chaga, 54
chalé, 30
chama
  calor, 55

  luz, 67
chamejante, 67
chamejar
  calor, 55
  luz, 67
chaminé, 37
chape, 63
charlatanismo, 80
chave
  fechamento, 38
  importância, 87
chefia, 95
chegar (a), 93
  – ao auge, 9
  – a bom termo, 14
cheio
  grandeza, 5
  reunião, 21
cheirar, 61
  – mal, 62
cheiro, 61
  mau –, 62
  ter mau –, 62
cheiroso, 61
chispa, 67
chispar, 67
choça, 30
chocante, 109
chocho, 90
choque
  oposição, 85
  sentimento, 103
  violência, 132
choroso, 105
choupana, 30
chover
  deixar de –, 50
chuviscar, 49
chuvisco, 49
ciciar
  som, 63
  sussurro, 66

C

cicio, 63
ciclo, 11
cidadão, 29
cidade, 30
ciência, 79
ciente de
  estar –, 79
científico, 81
  bagagem –, 79
cintilação, 67
cintilante
  luz, 67
  cor, 69
cintilar, 67
cinzelar, 27
circunspecção, 107
circunspecto, 107
cismar, 107
cisne, 71
citadino, 29
ciumento de, 110
civil, 116
civilidade, 116
civilizar-se, 116
clarão, 67
clarear
  manhã, 15
  luz, 67
claridade, 67
clarividente, 130
claro
  luz, 67
  certeza, 77
  afirmação, 83
classe
  espírito de –, 86
classificação, 11
claudicante, 42
claudicar, 42
clímax, 7
clube, 30
coadjuvante, 86

coalizão, 86
cobiça, 110
cobiçar, 110
cobiçável, 110
cobiçoso, 110
cobrir-se
  – de cãs, 18
cocaína, 52
coçar, 44
  – a cabeça, 78
cócegas
  fazer –, 44
  sensibilidade, 51
  comichão, 44
coceguento, 44
coceira, 44
cochicho, 66
cochilo, 82
coeso, 86
coitado, 102
colaboração
  produção, 27
  cooperação, 86
coleção, 21
colecionar, 21
coleguismo, 114
cólera, 120
  ímpeto de –, 120
  violência, 132
colérico, 120
coletividade, 1
colheita, 21
colher
  – bons frutos, 93
cólica, 54
coligação
  reunião, 21
  cooperação, 86
colo
  andar no –, 17
colonizador, 29
colono, 29

color, 69
coloração, 69
colorante, 69
colorido, 69
colorir, 69
coma, 52
comandar, 95
comando, 95
combate
  travar –, 91
  oposição, 85
  guerra, 91
combater, 91
combativo, 91
combinação, 92
combinar, 86
começar, 13
começo, 13
comedido
  moderação, 133
  inteligência, 130
comedimento
  moderação, 133
  inteligência, 130
comedir-se, 133
comichão, 44
  sentir –, 44
  sensibilidade, 51
  desejo, 110
comichar, 44
comichoso, 44
comício, 21
comodidade, 89
cômoda
  vida –, 104
comovedor, 103
comover-se, 103
comovido, 103
compacto, 21
companheiro, 3
companhia, 21
  em – de, 34

C

compartimento, 30
compassado
  simetria, 35
  lentidão, 42
  moderação, 133
compassar, 42
compasso, 11
compatriota, 29
compenetração, 130
compenetrar-se, 77
compensar, 3
competência
  conhecimento, 79
  autoridade, 95
competição
  oposição, 85
  guerra, 91
competidor, 3
competir, 91
competitivo, 91
complacência
  obediência, 98
  cortesia, 116
complacente
  obediência, 98
  humildade, 113
compleição
  – fraca, 26
completar, 14
completo, 5
complexo, 21
complicação, 12
complicado, 12
compor, 27
composto, 130
compostura
  perder a –, 120
compreender
  conhecimento, 79
  inteligência, 130
compreensão, 130
compromisso

afirmação, 83
paz, 92
comum
  inferioridade, 8
  insignificância, 88
comunicativo, 116
conceber
  começo, 13
  conhecimento, 79
conceituado, 87
concentração
  reunião, 21
  atenção, 75
concentrar, 21
concepção, 79
concerto, 86
conchavo, 86
conciliação, 92
conciliar, 92
conciliatório
  paz, 92
  perdão, 122
conclusão, 24
concomitância, 86
concorrência
  não temer –, 7
concorrente, 110
concubinato, 129
concupiscência, 129
condenação, 28
condensar, 10
condescendente, 113
confecção, 27
confeccionar, 27
confessar, 83
confiança
  de muita –, 114
  inspirar –, 81
  certeza, 77
  amizade, 114
  coragem, 134
confiante, 134

confidência, 121
confidente, 114
confins, 33
conflito
  oposição, 85
  guerra, 91
confortável, 53
conforto, 53
confrade, 3
confraternização, 114
confundir, 82
confusão
  desordem, 12
  agitação, 43
  incerteza, 78
  violência, 132
confuso
  desordem, 12
  sussurro, 66
  incerteza, 78
congelado, 56
congregação, 21
congregar, 21
congregar-se, 86
congresso, 21
conhecedor de, 79
conhecer, 79
  – plenamente, 79
conhecimento, 79
  – gerais, 80
  – profundo, 79
  com – de causa, 83
conivência, 86
conivente, 86
conjeturar, 78
conjugal
  amor –, 118
  infidelidade –, 129
conjunto
  todo, 1
  reunião, 21
conquista, 93

c

fazer –, 118
consagrado, 79
consciência
  liberdade de –, 99
consciencioso, 124
consentimento, 98
consequência, 24
  como –, 24
  em –, 24
  por –, 24
  ser – de, 24
consequente, 24
conservação, 20
conservador, 92
conservar-se, 20
  – afastado, 33
consideração
  ter em grande –, 126
  atenção, 75
  importância, 87
  amizade, 114
  respeito, 126
considerar
  atenção, 75
  respeito, 126
considerável
  tamanho, 31
  importância, 87
consolação, 104
consolidar, 25
consolo, 104
conspirar, 86
constância, 20
constante, 20
constelação, 21
constelar
  tarde, 16
  luz, 67
constituição
  – atlética, 25
  de – delicada, 108
constituir, 27

constrangido, 100
construção, 27
construir, 27
consulado, 95
consumado
  fato –, 77
consumir, 28
consumir-se, 103
contagiar, 22
contagioso, 22
contaminar
  deixar-se –, 103
contas
  ajustar – com, 123
  ajuste de –, 123
contemplação
  desatenção, 76
  carícia, 121
  respeito, 126
contemplar, 110
contemporização, 133
contemporizar, 133
contenda, 91
contentamento
  prazer, 104
  alegria, 106
contente
  estar –, 104
contestação
  sem temor de –, 83
contestar, 84
contestável, 78
contiguidade, 34
contíguo, 34
continência, 126
  fazer –, 126
continuar
  – na mesma, 20
contínuo, 20
contorção, 54
contorcer, 36
contradição, 84

contraditório
  negação, 84
  oposição, 85
contradizer
  negação, 84
  oposição, 85
contragolpe, 85
contraído, 32
contrair
  pouquidão, 6
  diminuição, 10
contrair-se, 32
contrariar
  negação, 84
  oposição, 85
contrariedade
  mar de –, 105
  insucesso, 94
  sofrimento, 105
contrário, 115
  pelo –, 84
contraventor, 97
contristar, 107
controlar, 100
controle, 133
controverso, 78
conturbação, 103
conturbar-se, 103
convenção, 21
convencer-se, 77
conveniente, 89
conversável, 116
convicção, 77
convicto, 77
convir, 89
convivência, 114
  estar em – com, 114
conviver, 114
convívio, 114
convulsão
  agitação, 43
  dor, 54

C

violência, 132
convulso, 132
convulsivamente
  agitar-se –, 132
convulsivo, 43
cooperação, 86
cooperar, 86
cooperativo, 86
cor, 69
  – local, 69
  da – de ébano, 72
  dar –, 69
  de – leves, 70
  homem de –, 72
coração, 87
  bater o –, 103
  cativar o –, 108
  dois – num só, 118
  humilde de –, 113
  prender o –, 108, 118
  possuir o – de, 118
  pulsar o –, 47
  reinar no – de, 118
  sinceridade de –, 103
coragem, 134
corajoso, 134
  ser –, 134
corar
  cor, 69
  sentimento, 103
  humildade, 113
corça, 41
corcel, 41
cordeiro, 92
cor-de-rosa
  ver tudo –, 106
cordial
  prazer, 53
  amizade, 114
  amor, 118
  carícia, 121
cordialidade

  sentimento, 103
  amizade, 114
coriscar, 67
corno, 129
coroar, 14
corpanzil, 31
corpo
  bem-feito de –, 108
corpulência
  força, 25
  tamanho, 31
corpulento, 31
correção
  simetria, 35
  exatidão, 81
correr
  – como um doido, 41
  movimento, 39
  velocidade, 41
correspondência, 11
corresponder, 103
correto, 35
corrida, 41
corrigir, 81
corromper, 129
corrupção, 129
corrupto, 129
cortado, 2
cortante, 132
cortar, 2
  – pela raiz, 28
corte
  morada, 30
  carícia, 121
cortejador, 118
cortejar
  desejo, 110
  carícia, 121
cortês, 116
  ser –, 116
cortesia, 116
  respeito, 126

cortiço, 30
coruja, 109
coruscante, 67
costas
  voltar as – a, 76, 117, 127
costumes
  dissolução dos –, 129
cotó, 32
cova, 37
  estar com um pé
  na –, 18
covarde, 135
  ser –, 135
covardia, 135
coxo
  lentidão, 42
cozer
  – a fogo lento, 55
crasso
  erro –, 82
crepuscular, 16
crepúsculo
  – da vida, 18
  – matutino, 15
  fim, 14
  tarde, 16
  morte, 48
crescente, 9
crescer
  – de vulto, 9
  aumento, 9
  mudança, 19
  produção, 27
  tamanho, 31
crescimento, 9
cretino, 131
criação, 27
criador, 27
criança, 32
criancice, 131
criar, 27
criativo, 27

C D

crime
— de lesa-majestade, 97
criterioso, 130
criticável, 82
crivar
— de golpes, 54
cromático, 69
cru, 69
crucificação, 54
crucificar, 54
cruel, 54
crueldade, 105
cruz, 105
cruzada, 91
cruzado
fogo —, 85
cuidado, 75
consumir-se de —, 105
cuidadoso, 75
culto
liberdade de —, 99
conhecimento, 79
respeito, 126
cultuar, 118
cultura, 79
cumplicidade, 86
cumprimentar, 116
cumprimento, 121
obediência, 98
respeito, 126
cumprir
— leis, 98
cunhar, 27
cupido, 118
curiosidade, 110
curioso, 110
curso, 39
curtir, 103
curvar-se
obediência, 98
humildade, 113
respeito, 126

cuspir, 127

D

dar, 63
— à luz, 27
dar-se
— bem, 93
debandada, 22
debate, 91
debater, 91
debater-se
agitação, 43
violência, 132
debelar
destruição, 28
moderação, 133
débil
pouquidão, 6
fraqueza, 26
sussurro, 66
debilidade, 26
debilitado, 26
decadência, 10
ir em —, 18
decadente, 26
decair, 10
decência, 128
decente, 128
decepção, 94
decerto, 77
decidido
certeza, 77
afirmação, 83
decidir, 23
decisão
— final e irrevogável, 77
decisivo
certeza, 77
afirmação, 83

declaração, 83
declarativo, 83
declinar
— do dia, 16
declínio, 26
decoro
respeito, 126
pureza, 128
decoroso, 128
decrescer, 10
decréscimo, 10
decretar, 95
dedicação
obediência, 98
amizade, 114
amor, 118
respeito, 126
dedicado (a)
obediência, 98
amizade, 114
amor, 118
dedo, 45
— anular, 45
— fura-bolos, 45
— indicador, 45
— médio, 45
— mindinho, 45
— mínimo, 45
— polegar, 45
passar os — sobre, 45
tocar com os —, 45
defeito, 36
defeituoso
inferioridade, 8
assimetria, 36
defender
força, 25
afirmação, 83
deferência
obediência, 98
respeito, 126
deficiência, 8

definhar
 diminuição, 10
 fraqueza, 26
definido
 certeza, 77
 exatidão, 81
definir, 77
definitivo
 fim, 14
 afirmação, 83
defloramento, 129
deformado, 36
deformidade, 109
defumar, 72
degolar, 28
degradação, 113
degrau
 primeiro –, 13
 último –, 14
degustação, 57
degustar, 57
deitar
 – por terra, 28
deixar
 – atrás, 7
deleitar, 59
deleitar-se
 prazer, 53, 104
 alegria, 106
deleite
 prazer, 53, 104
deleitoso
 prazer, 53
 sabor, 59
delgado, 26
deliberar, 95
delicadeza
 fraqueza, 26
 beleza, 108
 cortesia, 116
delicado
 fraqueza, 26

 sabor, 59
 acromatismo, 70
 beleza, 108
 cortesia, 116
delícia, 104
 nadar em –, 104
deliciar-se (com)
 sabor, 59
 prazer, 104
delicioso, 59
delírio
 amar com –, 118
delito
 flagrante –, 77
demagógico
 anarquia, 96
 desobediência, 97
demência, 131
 cair em –, 131
demissão, 96
demitir, 96
democracia, 99
democrático, 99
demolição, 28
demolir, 28
demônio
 fealdade, 109
 medo, 136
demonstrado, 81
demora
 repouso, 40
 lentidão, 42
demoradamente, 75
demorado, 42
demorar-se, 40
denegrir
 obscuridade, 68
 pretidão, 72
denso, 21
dentadas
 dar –, 57
dentes

 arreganhar os –, 120
 o bater de –, 56, 136
dentuço, 109
departamento, 2
depauperado, 102
depauperar, 102
dependência, 100
dependente, 100
depender, 8
 não – de ninguém, 99
deperecer, 26
depoimento, 83
depor
 afirmação, 83
 anarquia, 96
depravação, 129
depreciação, 10
depreciar, 8
depressão, 107
 sentir –, 107
deprimir, 107
derivado de, 24
derivar, 24
derradeiro
 – etapa, 14
 inferioridade, 8
 fim, 14
derrama, 22
derramar, 22
derreter-se, 74
derrocada
 destruição, 28
 insucesso, 94
derrocar, 28
derrota
 inferioridade, 8
 insucesso, 94
derrotado, 94
 ser –, 94
derrotar
 destruição, 28
 oposição, 85

D

derrotismo, 107
derrubar, 132
desabafo, 123
desacato, 127
desacordo
  agir em – com, 85
  desigualdade, 4
  desordem, 12
desafiar, 103
desafio
  em – a, 85
desaforo, 127
desafortunado, 94
desagradável
  – ao paladar, 60
  impressão –, 60
  amargura, 60
  fedor, 62
  fealdade, 109
  ódio, 119
desagravo, 123
desaguar, 14
desajeitado, 109
desajuizado, 131
desalento
  fraqueza, 26
  tristeza, 107
desalinho, 12
desamor
  inimizade, 115
  ódio, 119
desamparado
  pobreza, 102
  tristeza, 107
desamparo, 102
desânimo
  fraqueza, 26
  tristeza, 107
desaparecer
  fim, 14
  destruição, 28
  morte, 48

desaparecimento, 74
desaparecido, 74
desaparecimento, 74
  morte, 48
desapegar-se, 111
desapego, 111
desaplicado, 76
desaprovar, 84
desarmar, 28
desarmonia, 115
desarmônico, 36
desarmonioso, 36
desarranjado, 12
desarranjo, 12
desassossego, 39
desastre, 94
desatenção, 76
  descortesia, 117
  desrespeito, 127
desatencioso
  descortesia, 117
  desrespeito, 127
desatento, 76
desatinado, 132
desatino
  praticar –, 125
  imbecilidade, 131
desbloquear, 37
desbocado, 129
desbotado, 70
desbotar, 70
descabelado, 132
descabido, 125
descamisado, 102
descamisar, 102
descampado, 37
descansado, 42
descansar, 40
descanso
  o – eterno, 48
descarado, 117
descaso

desatenção, 76
  indiferença, 111
  desrespeito, 127
descer
  – à sepultura, 48
  – ao túmulo, 48
  – o dia, 16
descerrar, 37
descida, 10
descoberta, 79
descobrir-se, 126
descolorir, 70
descomedido
  grandeza, 5
  tamanho, 31
  impureza, 129
descomedir-se, 96
descompassado
  desordem, 12
  assimetria, 36
descompasso
  desordem, 12
  assimetria, 36
descomunal, 31
desconfiança
  inspirar –, 125
  incerteza, 78
  medo, 136
desconfiar, 78
desconforto
  dor, 54
  sofrimento, 105
  tristeza, 107
desconhecer, 80
desconhecimento, 80
desconsiderar, 127
desconsolar-se, 107
desconsolo, 105
descontentamento
  sofrimento, 105
  ressentimento, 120
descontente, 105

D

descorado, 70
descorar, 70
descortês
  descortesia, 117
  desrespeito, 127
descortesia, 117
  desrespeito, 127
descortinar, 130
descuidado
  desatenção, 76
  indiferença, 111
descuido
  desatenção, 76
  erro, 82
desculpa, 122
desculpável, 122
desdém
  indiferença, 111
  ódio, 119
desdenhar
  indiferença, 111
  orgulho, 112
  desrespeito, 127
desdenhoso
  orgulho, 112
  desrespeito, 127
desdentado, 36
desditoso, 105
desejado, 110
desejar
  desejo, 110
  amor, 118
desejável, 110
desejo, 110
  ferver em –, 110
  não ter – de, 111
  gerar –, 110
  ter grande –, 110
desejoso
  sentimento, 103
  desejo, 110
deselegância, 117

deselegante
  fealdade, 109
  descortesia, 117
desembaçar, 69
desembocadura, 14
desembocar, 14
desempenhar
  – um cargo, 95
desencadear, 132
desencaminhar, 129
desencarnar, 48
desencolerizar, 133
desenganado, 48
desengano, 94
desengonçado, 109
desenlace
  efeito, 24
  morte, 48
desenriquecer, 102
desentupir, 37
desenvolver-se, 27
desenvolvimento
  aumento, 9
  produção, 27
desequilibrar, 4
desequilíbrio, 4
desertar
  – do posto, 135
desertor, 97
desesperado
  sofrimento, 105
  violência, 132
desesperançado, 94
desespero
  sofrimento, 105
  ressentimento, 120
  violência, 132
desfalcar-se, 10
desfalecer
  fraqueza, 26
  medo, 136
desfalecido

  morte, 48
  tristeza, 107
desfalque, 10
desfavorecer, 85
desfavorecido, 109
desfazer
  parte, 2
  destruição, 28
desfecho
  ter seu –, 14
  efeito, 24
  morte, 48
desfeito, 94
desfigurar, 109
desforra, 123
  tirar –, 123
desfrutar
  prazer (físico), 53
  prazer, 104
desgarrado, 22
desgosto
  sofrimento, 105
  tristeza, 107
  inimizade, 115
desgostoso
  sofrimento, 105
  tristeza, 107
desgovernar, 96
desgoverno, 96
desgraça, 105
desgraçado
  pobreza, 102
  sofrimento, 105
desigual
  ser –, 4
  tornar –, 4
  desigualdade, 4
  injustiça, 125
desigualar, 4
desigualdade, 4
  injustiça, 125
desiludido, 94

D

desilusão
insucesso, 94
tristeza, 107
desimpedido
abertura, 37
liberdade, 99
desimpedir, 37
desinfeliz, 105
desinteressado
indiferença, 111
justiça, 124
desinteressante, 109
desinteresse, 111
desistir, 135
desligar-se, 111
deslize, 82
deslocamento, 39
deslocar-se, 39
deslumbrado, 104
deslumbramento, 67
deslumbrante
luz, 67
beleza, 108
deslumbrar
beleza, 108
amor, 118
desmaiar
– *do dia*, 16
fraqueza, 26
acromatismo, 70
medo, 136
desmaio, 70
desmamado, 17
desmanchar, 28
desmanchar-se, 94
desmantelar
parte, 2
destruição, 28
desmantelo, 12
desmedido, 65
desmembrar, 22
desmentido, 84

desmiolado
ignorância, 80
imbecilidade, 131
desmoronamento
destruição, 28
insucesso, 94
desmoronar
destruição, 28
insucesso, 94
desnecessário, 90
desnivelar, 4
desnortear, 78
desnortear-se, 103
desobedecer, 97
desobediência, 97
anarquia, 96
desobediente, 97
desobstruir, 37
desolação
destruição, 28
sofrimento, 105
tristeza, 107
desolado, 107
desolar, 107
desonestidade, 129
desonesto, 129
desonra, 127
desonrar, 129
desordeiro, 91
desordem, 12
estar em –, 12
ficar em –, 12
desobediência, 97
desordenado
desordem, 12
agitação, 43
violência, 132
desorganizado
estar tudo –, 12
desorganizar
desordem, 12
destruição, 28

desorientar
desatenção, 76
incerteza, 78
desovar, 27
despachar, 95
despedida, 14
despeito
a – de, 85
desperdício, 22
despontar
começo, 13
manhã, 15
despovoar, 28
desprazer, 120
desprender-se, 111
desprendimento, 111
desprestígio, 127
despretensioso, 111
desprezar, 127
desprezível
inferioridade, 8
covardia, 135
desproporção
desigualdade, 4
assimetria, 36
desproporcional
desigualdade, 4
tamanho, 31
fealdade, 109
desproporcionar, 36
desprotegido, 102
desrespeitar
– *a autoridade*, 97
– *uma ordem*, 97
desobediência, 97
injustiça, 125
desrespeito, 127
desrespeito, 127
desobediência, 97
descortesia, 117
desrespeitoso, 127
dessabor, 58

destacar-se, 87
destemido, 134
destemor, 134
destemperar, 58
destreza, 41
destroçar, 28
destroço, 28
destronar, 96
destruição, 28
destruído
  ser –, 28
  destruição, 28
  insucesso, 94
destruidor, 28
destruir, 28
destrutivo, 28
desumano, 54
desvairadamente
  correr –, 132
desvairado
  ressentimento, 120
  violência, 132
desvairar-se, 132
desvalido, 102
desvalorização, 8
desvalorizar, 8
desvantagem
  levar –, 8
  inferioridade, 8
desvelo, 121
deter, 40
deterioração, 10
determinado, 77
determinante, 23
  ser a causa –, 23
determinar, 77
detestar, 119
detestável, 119
Deus
  dormir em –, 48
deusa, 108
devagarinho, 133

devanear, 76
devaneio, 76
devassidão, 129
devasso, 129
  ser –, 129
devastação, 28
devido a, 24
devorar, 28
devotado
  obediência, 98
  sentimento, 103
devoto, 126
dia, 67
  – do juízo final, 14
  declinar do –, 16
  descer o –, 16
  desmaiar do –, 16
  luz do –, 67
  ponta do –, 15
  romper o –, 15
  terminar os –, 48
diabo
  comer o pão que o –
  amassou, 105
diamante
  força, 25
  luz, 67
dianteira, 7
diferença, 4
diferente, 4
dificuldade, 102
  vencer uma –, 93
difundir, 22
digitação, 45
dígito, 45
dignar-se, 116
dignidade, 112
digno, 128
dilaceração, 28
dilacerar, 28
dilatação
  aumento, 9

  tamanho, 31
dilatar-se
  aumento, 9
  tamanho, 31
dilema, 78
diluir-se, 14
dimensão, 31
diminuição, 10
  fraqueza, 26
diminuído
  inferioridade, 8
  diminuição, 10
diminuir
  pouquidão, 6
  inferioridade, 8
  diminuição, 10
  pequenez, 32
  lentidão, 42
  moderação, 133
diminutivo, 32
diminuto
  pouquidão, 6
  diminuição, 10
dinamitar, 28
dinastia, 95
dinheirama, 101
dinheiro, 101
  ganhar –, 101
  abarrotado de –, 101
diplomado, 79
direito(s), 95
  estar no gozo de
  seus –, 99
  violar os –, 125
dirigir, 95
dirimir
  – uma dúvida, 77
discernimento, 130
discernir
  conhecimento, 79
  inteligência, 130
disciplina

D

ordem, 11
obediência, 98
disciplinado, 98
disciplinar, 11
discriminação, 130
discriminar, 130
discussão
  não admitir –, 77
discutível, 78
disforme
  tamanho, 31
  assimetria, 36
  fealdade, 109
disformidade, 36
disparada, 41
disparar, 41
disparatar, 131
disparate, 82
disparidade, 4
dispensar, 122
dispensável, 88
dispersão, 22
dispersar
  dispersão, 22
  destruição, 28
disperso, 22
displicência, 76
displicente, 76
disposição, 11
disposto
  bem- –, 11
disputar, 91
dissabor, 105
disseminar, 22
dissidente, 84
dissipar, 28
dissipar-se, 74
dissolução, 28
  – dos costumes, 129
dissolver
  dispersão, 22
  destruição, 28

dissolver-se, 74
distância, 33
  a grande – de, 33
  a pouca – de, 34
distanciar-se, 33
distante, 33
  estar –, 33
distinguir-se, 87
distração, 76
distraído, 76
distrair, 76
distrair-se, 76
distribuição, 22
ditadura, 95
ditoso
  sucesso, 93
  prazer, 104
  beleza, 108
diva, 108
divagar, 39
diversão, 106
diversificar, 19
dividido, 2
divulgar, 83
dó
  digno de –, 105
dobrar, 63
doce
  sussurro, 66
  beleza, 108
  carícia, 121
dócil
  obediência, 98
  humildade, 113
docilidade, 98
docílimo, 98
doçura, 53
doença, 54
dogma, 77
dogmático, 83
doidejar, 131
doido

  – por, 110
  correr como um –, 41
dolorido, 54
doloroso, 54
domar, 28
domável, 98
domesticável, 98
doméstico
  lar –, 30
  habitante, 29
  morada, 30
domiciliado, 29
domicílio, 30
  – paterno, 30
dominação, 95
dominador, 95
dominante, 95
dominar
  superioridade, 7
  autoridade, 95
domínio
  superioridade, 7
  autoridade, 95
donzela, 128
dor, 54
  – de cabeça, 54
  – de parto, 54
  sangrar de –, 105
  sofrer uma –, 54
  sofrimento, 105
dormente, 133
dormir, 40
  – em Deus, 48
dose, 2
dote, 101
drama, 105
dramático, 103
drenar, 50
droga, 88
dúbio, 96
duelo, 91
duende, 136

D E

duplicação, 9
duplicar, 9
duradoura
  amizade –, 114
durar, 20
durável, 25
duro, 52
dúvida, 78
  dirimir uma –, 77
  fora de toda –, 77
  não haver vestígio
  de –, 77
  sem –, 77
duvidar, 78

E

ébano
  da cor de –, 72
ebulição, 43
eclipse, 68
edificar, 27
edifício, 30
educação, 79
  não ter –, 117
educado, 116
efeito, 24
  ser o – de, 24
efeminar, 26
efetivo
  permanência, 20
  exatidão, 81
eficaz, 89
eficiência, 89
eficiente, 89
eira
  sem – nem beira, 102
elefante, 31
elegância, 108
elegante, 108

elemento
  – inicial, 13
elétrico, 41
elevação, 95
elevado
  mais –, 7
elevar, 9
eliminação, 28
emagrecer, 26
emancipação, 99
emaranhado, 12
embaçado, 70
embaciar, 70
embalsamar, 61
embaraçar, 78
embaraço
  incerteza, 78
  insucesso, 94
embebido, 104
embelezar, 108
embirrar, 120
embotado, 52
embotar, 52
embranquear, 71
embrião
  começo, 13
  causa, 23
embrionário, 32
embravecido, 132
embrulhar
  – o estômago, 60
emigrado, 29
eminente
  conhecimento, 79
  importância, 87
emoção, 103
emocional, 103
emotivo, 103
empáfia, 112
empalidecer
  acromatismo, 70
  medo, 136

emparelhar, 3
empinado
  com o sol –, 15
empobrecer, 102
empobrecimento, 10
empolgado, 103
empolgante, 103
empolgar, 87
emudecer, 64
enamorar-se, 104
encantado, 104
encantador
  beleza, 108
  amor, 118
encantar
  importância, 87
  beleza, 108
  amor, 118
encanto
  desmaiar os –, 109
  prazer, 53, 104
  beleza, 108
encerramento, 14
encher
  – de perfume, 61
encher-se de, 103
enclausurar, 38
encolerizar-se
  ressentimento, 120
  violência, 132
encolhimento, 10
encontro
  ir de – a, 85, 97
  ir ao – de, 98
encrespado, 132
encurtar, 10
endereço, 30
endeusado, 112
endeusamento, 112
endeusar-se, 112
endiabrado
  ressentimento, 120

E

violência, 132
endinheirado, 101
endurecido, 52
enegrecer, 68
energia, 25
enérgico, 103
enfadar-se, 120
enfado
  sofrimento, 105
  tristeza, 107
enfático, 83
enfear, 109
enfeitiçar, 118
enfermidade, 26
enferrujar-se, 40
enfezado, 120
enfiar, 37
enfileirado, 11
enfileirar-se, 11
enfraquecer
  diminuição, 10
  fraqueza, 26
  moderação, 133
enfraquecido, 26
enfraquecimento
  diminuição, 10
  fraqueza, 26
enfurecer-se
  ressentimento, 120
  violência, 132
enfurecido, 132
enganar, 82
engano
  incerteza, 78
  erro, 82
  insucesso, 94
enganoso, 82
engasgado
  ficar –, 78, 103
engenho, 130
englobar, 21
engolir, 28

engraçado, 106
engrandecer
  aumento, 9
  tamanho, 31
engrossar, 9
enigmático, 78
enjoar, 60
enjoativo, 60
enjoo, 60
enlameado, 49
enlevado
  sentimento, 103
  prazer, 104
enlevar, 108
enlevar-se
  desatenção, 76
  prazer, 104
enlevo
  sentimento, 103
  desejo, 110
  amor, 118
enlutar, 107
enorme
  grandeza, 5
  tamanho, 31
enormidade
  grandeza, 5
  tamanho, 31
enraivecer-se, 103
enricar, 101
enrijecer, 25
enriquecer
  aumento, 9
  produção, 27
  riqueza, 101
ensandecer, 131
ensinar
  – com autoridade, 77
ensino
  liberdade de –, 99
ensopar, 49
ensurdecedor, 65

entalhar, 27
entardecer
  tarde, 16
  obscuridade, 68
entendido, 79
entendimento, 130
entorpecente, 52
entorpecer, 52
entorpecimento
  insensibilidade, 52
  impalpabilidade, 46
entrada
  começo, 13
  abertura, 37
entreaberto, 37
entreabrir, 37
entristecer, 107
entulho, 90
entupimento, 38
entupir, 38
entusiasmar-se, 104
entusiasmo
  sentimento, 103
  prazer, 104
envaidecer-se, 104
envelhecer, 18
envelhecido, 18
envergonhado, 113
envergonhar-se
  sentimento, 103
  humildade, 113
enxugar, 50
enxuto, 50
epidêmico, 22
epílogo, 24
episódio, 2
equidade, 124
equidistante, 3
equilibrar, 3
equilíbrio
  estar em –, 3
  igualdade, 3

simetria, 35
equiparar, 3
equiparar-se, 3
equiparável, 3
equivalência, 3
equivalente, 3
equivocado, 78
equivocar, 78
equívoco
   incerteza, 78
   erro, 82
erguer, 27
erigir, 27
erótico
   amor, 118
   impureza, 129
erradio, 22
errante, 22
errar, 82
   não –, 130
errata, 82
errático, 22
erro, 82
   – *crasso*, 82
   – *injustificável*, 82
   cometer –, 82
   insucesso, 94
errôneo, 82
erudito, 79
erupção, 132
esbelto, 108
esboço, 73
esbranquiçado, 70
esbravejar
   barulho, 65
   ressentimento, 120
   violência, 132
esburacado, 37
escancarado, 37
escandalizar-se, 120
escândalo, 120
escandaloso

injustiça, 125
impureza, 129
escarcéu
   desordem, 12
   barulho, 65
escassear, 6
escassez
   pouquidão, 6
   diminuição, 10
   pobreza, 102
escasso, 6
esclarecer, 77
esclarecido, 79
esclarecimento, 79
esconderijo, 74
esconder-se, 74
escorregar, 94
escravatura, 100
escravidão, 100
escravizado, 100
escravo
   obediência, 98
   sujeição, 100
escrúpulo, 136
escrupuloso, 124
esculpir, 27
escultural, 108
escurecer
   tarde, 16
   obscuridade, 68
   pretidão, 72
escuridão
   obscuridade, 68
   pretidão, 72
escuro
   estar –, 68
   obscuridade, 68
   tristeza, 107
escusa, 122
escutar, 75
esfacelar-se, 28
esmagador, 25

esmigalhar
   parte, 2
   destruição, 28
esmurrar, 91
espaçoso, 31
espada
   sacar da –, 91
espadaúdo, 31
espalhar, 22
   – *perfume*, 61
espantalho
   fealdade, 109
   medo, 136
espanto, 136
esparso, 22
esparzir
   dispersão, 22
   umidade, 49
espasmo, 132
espatifar-se, 28
espelhar, 67
esperança, 110
esperar, 110
espernear, 132
esperteza, 130
esperto
   velocidade, 41
   inteligência, 130
espesso, 68
espetacular, 108
espetáculo, 73
espinho, 54
espírito, 136
   de – *forte*, 130
   – *de classe*, 86
   – *embotado*, 131
   – *reto e equilibrado*, 124
   inteligência, 130
   pobreza de –, 131
esplêndido, 108
esplendor
   luz, 67

E

beleza, 108
espontâneo, 99
espreitar, 75
esquadra, 21
esquecer, 122
esquecido
  insensibilidade, 52
  desatenção, 76
  pobreza, 102
esquecimento, 122
esquilo, 41
esquivar-se, 119
essencial
  parte –, 87
  superioridade, 7
  importância, 87
estabelecer, 27
estabelecido, 20
estabelecimento, 27
estabilidade, 20
estacar, 40
estacionar
  permanência, 20
  repouso, 40
estacionário
  permanência, 20
  repouso, 40
estagnação
  permanência, 20
estagnado, 40
estagnar, 40
estagnar-se
  permanência, 20
estalagem, 30
estalar
  – *de frio*, 56
  som, 63
  violência, 132
estalido
  som, 63
  sussurro, 66
estalo, 63

estância, 30
estático, 40
estatura, 31
  de baixa –, 32
estável, 20
esterilidade, 90
estiagem, 50
estilhaçar, 2
estima
  amizade, 114
  respeito, 126
estimado, 126
estimar
  – *muito*, 118
  amizade, 114
  respeito, 126
estio, 50
estômago
  embrulhar o –, 60
estourar
  som, 63
  violência, 132
  ressentimento, 120
estouro, 65
  – *da boiada*, 22
estrago, 28
estralar, 63
estrangeiro, 29
estratagema, 91
estrebuchar-se, 132
estreia, 13
  fazer a –, 13
estreitamento
  – *de relações*, 114
estreitar, 10
  – *as relações com*, 114
estreiteza, 32
estreito, 32
estrela
  surgir a – vespertina, 16
estrelar, 16
estremecer

  agitação, 43
  comichão, 44
  sentimento, 103
estrepitar, 63
estrépito, 65
estrepitoso, 65
estrondo, 65
estrondoso, 132
estrupido, 63
estudioso, 75
estultícia, 131
estupendo
  grandeza, 5
  tamanho, 31
  importância, 87
estupidez
  ignorância, 80
  imbecilidade, 131
estúpido, 80, 131
estuprar, 129
esvaecer, 70
esvoaçar, 39
etapa
  – *derradeira*, 14
eternidade, 48
eterno, 103
  a morada –, 48
  o descanso –, 48
euforia, 53
europeu, 29
evangelho, 77
evaporar-se
  secura, 50
  desaparecimento, 74
evidência, 81
evidenciar, 77
evidente, 77
evolução
  mudança, 19
  produção, 27
  movimento, 39
exacerbação, 132

E F

exacerbamento, 132
exagerar, 9
exalar-se, 61
exame, 75
examinar, 75
exasperação
　ressentimento, 120
　violência, 132
exatidão, 81
exato
　tornar –, 81
　certeza, 77
　exatidão, 81
exceder, 7
excepcional, 87
excitar
　sensibilidade, 51
　sentimento, 103
execução, 27
executivo, 95
exército, 21
exibir, 73
exigir, 75
existência, 47
　aurora da –, 17
êxito
　ter bom –, 93
　ter mau –, 94
　sucesso, 93
exoneração, 96
expandir-se, 7
expansão, 9
expansivo, 106
expedição, 91
expelir, 28
experimentar
　sensibilidade, 51
　sentimento, 103
　sofrimento, 105
expirar
　fim, 14
　morte, 48

explícito, 77
explodir
　som, 63
　violência, 132
explosão, 132
expor, 83
exposição, 73
êxtase
　transportar-se
　　em –, 104
　sentimento, 103
　prazer, 104
　amor, 118
extasiado, 104
extasiar-se, 104
extático
　sentimento, 103
　prazer, 104
extensão
　tamanho, 31
　distância, 33
exterminar, 28
extermínio
　guerra de –, 91
extinção, 28
extinguir, 28
extinto, 48
extirpar, 28
extraordinário
　grandeza, 5
　beleza, 108
extravagante, 132
extraviado, 22
extraviar, 82
extremo
　– ocidente, 33
　– oriente, 33
　– sul, 33
extremoso, 103
exultação, 106
exultar, 106

F

fábrica, 27
fabricar, 27
façanha
　guerra, 91
　coragem, 134
fada, 108
fagueiro, 121
fagulha
　calor, 55
　luz, 67
faísca
　calor, 55
　luz, 67
faiscar, 67
falaz, 82
falecer, 48
falecido, 48
falecimento, 48
falência, 94
falido, 94
falir, 94
falível, 78
falhar, 94
falho, 94
falsificar, 82
falso, 82
falta
　– de atenção, 111
　– de interesse, 111
　– de recursos, 102
　– de simetria, 109
　ter – de, 102
familiar
　morada, 30
　amizade, 114
　cortesia, 116
faminto
　estar –, 110
　pobreza, 102
　desejo, 110

F

fanático, 103
 ser – por (alguém), 110, 118
fanatismo, 103
 ter – por, 110
fantasia, 110
fantasma, 136
fardo, 105
farfalhar, 63
farfalho, 63
farrapo, 90
fartum, 62
fartura, 101
fascinação, 110
fascinado
 sentimento, 103
 prazer, 104
fascinante, 118
fascinar, 108
fatal, 77
 soar a hora –, 48
 termo –, 48
fatalmente, 24
fato, 81
 – consumado, 77
fator, 23
favela, 30
favor
 utilidade, 89
 cortesia, 116
favorável
 resultado –, 93
favorecer, 89
favoritismo, 125
favorito, 118
fazenda, 30
fazendeiro, 29
fazer, 27
fealdade, 109
febre, 55
febril, 103
fechado

fechamento, 38
 obscuridade, 68
fechamento, 38
fechar, 38
 – os olhos, 48
 – os olhos a alguém, 48
fecundo
 produção, 27
 inteligência, 130
feder, 62
fedor, 62
fedorento, 62
feiíssimo, 109
feio
 – como bode, 109
 – como sapo, 109
 cara –, 109
 assimetria, 36
 fealdade, 109
feiticeiro, 118
feixe, 21
fel
 amargura, 60
 ressentimento, 120
felicidade
 prazer, 53
 sucesso, 93
 prazer, 104
feliz
 golpe –, 93
 prazer, 53
 sucesso, 93
 prazer, 104
 alegria, 106
feminilidade, 26
fenda, 37
ferida
 abertura, 37
 dor, 54
ferimento, 54
ferir, 54
ferocidade, 132

feroz
 fealdade, 109
 coragem, 134
ferrão, 54
férreo, 25
ferro, 25
 ser de –, 25
ferroada, 54
 sentir –, 44
ferroar, 54
fervente, 55
ferver
 agitação, 43
 calor, 55
fervor
 sentimento, 103
 desejo, 110
 violência, 132
fervoroso, 103
fervura
 agitação, 43
 violência, 132
festeiro, 106
festivo, 106
fétido, 62
feto, 13
feudal, 100
feudalismo
 autoridade, 95
 sujeição, 100
fiasco, 94
ficar, 20
 – com a melhor, 93
fidedigno, 77
 pessoa –, 77
fidelidade
 obediência, 98
 respeito, 126
fiel
 exatidão, 81
 obediência, 98
filho, 17

F

filial, 2
  amor –, 118
filiar-se, 86
filosofar, 79
filosofia, 79
fim, 14
  – do mundo, 33
  pôr –, 14
  morte, 48
finado, 48
final, 14
finalização, 14
finalizar, 14
finar, 14
finar-se, 48
findar, 14
findo, 14
fineza
  cortesia, 116
  carícia, 121
fino
  fraqueza, 26
  inteligência, 130
finura, 130
fio, 47
firmar, 77
firme
  repouso, 40
  amizade –, 114
  inteligência, 130
firmeza
  força, 25
  certeza, 77
fiscalização
  atenção, 75
  autoridade, 95
fiscalizar, 75
fisgar, 130
física
  força –, 25
fisionomia, 73
  – carrancuda, 107

fitar, 75
fixo
  permanência, 20
  repouso, 40
flacidez, 26
flaflar, 63
flagelo, 105
flagrante
  – delito, 77
flamejar, 67
flecha, 41
fleumático, 111
flocos
  – de neve, 56
flor
  estar na – dos anos, 17
  a – dos anos, 17
florescer, 27
florido, 69
florir, 27
focalizar, 75
foco, 23
fogaréu, 55
fogo
  a – brando, 133
  – cruzado, 85
  cozer a – lento, 55
  língua de –, 55
  calor, 55
  luz, 67
  sentimento, 103
fogoso, 103
foguete, 41
fôlego, 47
fome, 110
fomentar, 23
fonte
  – de prazer, 53
  de – segura, 77
fora
  lá –, 33
  sair – de si, 120

força, 25
  – bruta, 25
  – física, 25
  – motriz, 23
  – muscular, 25
  por –, 24
  grandeza, 5
  tamanho, 31
  autoridade, 95
  sentimento, 103
  violência, 132
forjar, 27
forma
  de – suave, 108
formação, 27
formador, 27
formar
  todo, 1
  ordem, 11
  produção, 27
formiga, 32
formigamento, 44
formigar, 44
formigueiro, 44
  sentir um –, 44
formoso, 108
formular
  – hipóteses, 78
fortalecer, 25
fotalecer-se, 9
fortaleza, 25
forte
  ser –, 25
  força, 25
  tamanho, 31
  barulho, 65
  sentimento, 103
  coragem, 134
  inteligência, 130
fortuna
  sucesso, 93
  riqueza, 101

F

fosforescente, 67
fossilizar-se, 20
fotográfico, 67
foz, 14
fracassar, 94
fracasso, 94
fracionar, 2
fraco
 – das pernas, 42
 compleição –, 26
 ser –, 26
 fraqueza, 26
 sussurro, 66
 anarquia, 96
 medo, 136
 covardia, 135
 moderação, 133
frágil
 pouquidão, 6
 fraqueza, 26
 insignificância, 88
fragilidade, 26
fragmentado, 2
fragmentar, 2
fragmento, 32
fragor
 som, 63
 barulho, 65
 violência, 132
fragrância, 61
fragrante, 61
franco
 afirmação, 83
 cortesia, 116
franzino, 26
fraquejar, 26
fraqueza, 26
 covardia, 135
fraternal
 amizade, 114
 carícia, 121
fraternidade, 114

fraternização
 cooperação, 86
 amizade, 114
fraternizar-se
 cooperação, 86
 amizade, 114
fraterno, 114
freio
 pôr um –, 14
frêmito
 som, 63
 barulho, 65
 sentimento, 103
frente
 – a frente, 85
 estar à – de, 95
frequentar, 114
frescor
 cor, 69
 moderação, 133
fresta, 37
friagem, 56
frieza
 frio, 56
 indiferença, 111
frigidez, 56
frigidíssimo, 56
frígido, 111
frincha, 37
frio, 56
 – de rachar, 56
 – rigoroso, 56
 estalar de –, 56
 ser –, 56
 vento –, 56
 morte, 48
 insipidez, 58
 acromatismo, 70
 indiferença, 111
friorento, 56
frisar, 75
frivolidade, 131

fronteira
 fim, 14
 proximidade, 34
frouxeza, 26
frouxidão, 96
frouxo, 96
frustrado, 94
frustrar, 90
frutífero
 produção, 27
 utilidade, 89
frutificar
 produção, 27
 sucesso, 93
fruto(s)
 colher bons –, 93
 efeito, 24
 produção, 27
fuga, 22
fugaz, 41
fugidio, 41
fugir
 velocidade, 41
 desaparecimento, 74
 covardia, 135
fugitivo
 velocidade, 41
 desobediência, 97
fujão, 135
fulgor, 67
fulgurar, 67
fulguroso, 67
fuliginoso, 72
fulminante, 28
fulminar, 67
fulo
 ficar – de raiva, 120
fumegante, 55
fumegar, 55
função, 89
funcionar
 – regularmente, 11

fundação, 27
fundamental
  o ponto –, 87
  causa, 23
  importância, 87
fundamento
  carecer de –, 82
fundar, 27
fundição, 27
fundir, 27
fundo, 14
furar, 37
fúria
  excesso de –, 132
  ódio, 119
  violência, 132
furioso
  ressentimento, 120
  violência, 132
furo, 37
furor
  sentimento, 103
  ressentimento, 120
  violência, 132
fusão, 86
fustigar, 54
fútil
  questão –, 88
  inutilidade, 90
  indiferença, 111
futilidade, 88, 131
futilizar, 131
fuzilar, 67

G

galante, 108
galanteio, 118, 121
galeria, 30
galhardia, 108
galhofar, 106
galhofeiro, 106
galo
  ao cantar do –, 15
galopar
  velocidade, 41
  som, 63
galope
  velocidade, 41
  som, 63
galopear, 63
gambá, 62
ganhar
  – mundos e fundos, 101
  – a todos, 7
garantia, 77
garantir
  afirmação, 83
  autoridade, 95
garboso, 108
gargalhada, 106
garrido, 106
gastar, 28
gasto, 26
gato
  ser como cão
  e –, 115
gelado
  frio, 56
  indiferença, 111
geleira, 56
gélido
  silêncio –, 64
  morte, 48
  insensibilidade, 52
  frio, 56
gelo
  frio, 56
  brancura, 71
  indiferença, 111
gemer
  som, 63
sussurro, 66
sofrimento, 105
gemido
  dor, 54
  sussurro, 66
generosidade, 122
gênese
  começo, 13
  causa, 23
  produção, 27
genético, 27
genial, 130
gênio, 130
genitor, 27
gentil
  cortesia, 116
  moderação, 133
gentileza, 116
geração, 27
gerador, 27
  causa –, 23
gerar, 23
germe, 13
gestação, 27
gestante, 27
gesto
  – obsceno, 127
gigante
  força, 25
  tamanho, 31
gigantesco
  grandeza, 5
  tamanho, 31
girar, 19
glaciário, 56
global, 1
glória, 106
glorificar, 126
gluglu, 63
Golias
  força, 25
  tamanho, 31

G H

golpe
  destruição, 28
  – *feliz*, 93
  – *infeliz*, 94
  crivar de –, 54
golpear, 54
gorado, 94
gordura, 31
gorgolejo, 63
gostar (de)
  gosto, 57
  sabor, 59
  desejo, 110
  amizade, 114
  amor, 118
gosto, 57
  chocar o –, 109
  ofender o –, 109
  sabor, 59
  prazer, 104
  desejo, 110
gostoso
  prazer, 53
  sabor, 59
gota, 6
gotas, 49
gotejante, 49
gotejar, 49
governante, 95
governar
  autoridade, 95
  inteligência, 130
gozar
  prazer, 53
  sentimento, 103
  prazer, 104
gozo
  estar no – *de seus direitos*, 99
  prazer, 104
  alegria, 106
graça, 108

  sem –, 58, 105
graças a, 24
gracejador, 106
gracejar, 106
grácil, 26
gracioso, 108
gradação, 11
gradativamente, 133
gradativo, 11
graduação
  ordem, 11
  autoridade, 95
graduado, 11
gradual
  ordem, 11
  lentidão, 42
grandalhão, 31
grande
  de – *vulto*, 31
  ser –, 5, 31
  tornar-se –, 31
  grandeza, 5
  superioridade, 7
  tamanho, 31
  barulho, 65
  importância, 87
grandeza, 5
  superioridade, 7
  tamanho, 31
  riqueza, 101
grandioso, 108
granito, 25
granizo, 56
granja, 30
grão, 6
grãozinho, 32
grassar, 22
grau, 11
grave, 130
gravidez, 27
grego
  perfil –, 108

grelhar, 55
greve, 97
grevista, 97
grito, 65
  – *de guerra*, 91
grosseiro
  assimetria, 36
  fealdade, 109
  impureza, 129
  imbecilidade, 131
grosso
  grandeza, 5
  tamanho, 31
grossura, 31
groteiro, 29
grupo, 21
guapo, 134
guarda, 75
guerra, 91
  – *civil*, 91
  – *de extermínio*, 91
  grito de –, 91
  provocar a –, 91
  oposição, 85
guerrear
  oposição, 85
  guerra, 91
guerreiro
  guerra, 91
  coragem, 134
guerrilha, 91
guiar, 95
gulodice, 59
gustação, 57
gustativo, 57

H

hábil, 130

H I

ser –, 130
habilidade, 130
habilitação, 79
habitação, 30
habitacional, 30
habitante, 29
hálito, 47
harém, 129
harmonia
  ordem, 11
  simetria, 35
  som, 63
harmonioso, 35
  proporção –, 35
harmonizar, 92
hediondez, 109
hediondo
  fealdade, 109
  medo, 136
hegemonia
  superioridade, 7
  autoridade, 95
Hércules, 25
heroico, 134
heroismo, 134
hesitação
  incerteza, 78
  medo, 136
hesitar, 103
hierarquia, 95
hilariante, 106
hilaridade, 106
hipopótamo
  tamanho, 31
  fealdade, 109
hipótese(s), 78
  formular –, 78
  na pior das –, 77
  nem por –, 84
hipotético, 78
hirto, 40
histérico

  sentimento, 103
  violência, 132
histerismo, 132
homem
  – de cor, 72
  – de palha, 135
  ser – de muitas
  posses, 101
  ser – de nervo, 25
homenagear, 126
homenagem, 126
  prestar –, 116, 126
  render preito e –, 98
homogêneo, 3
honestidade, 128
honesto
  cortesia, 116
  respeito, 126
  pureza, 128
honra, 128
  prestar –, 126
  honrado, 128
horizonte
  azular no –, 33
horrendo, 109
horrível, 109
horror
  sofrimento, 105
  medo, 136
horroroso, 136
hospedagem, 29
hóspede, 29
hostil
  inimizade, 115
  ódio, 119
hostilidade
  guerra, 91
  inimizade, 115
hostilizar
  oposição, 85
  guerra, 91
  inimizade, 115

hotel, 30
humanizar-se, 116
humildade, 113
humilde
  ser –, 113
  obediência, 98
  humildade, 113
  respeito, 126
humilhação, 113
humilhante, 113
humilhar, 113
humilhar-se
  obediência, 98
  humildade, 113
  respeito, 126
  covardia, 135
humo, 49
  umidade, 49
humor
  bom –, 106, 116
  mau –, 120
húmus, 49

I

ida, 39
idade
  – avançada, 18
  – juvenil, 17
  – madura, 18
  – pueril, 17
  a – da inocência, 17
  primeira –, 17
  tenra –, 17
ideal, 110
ideia(s)
  – livres, 99
  não ligar duas –, 131
  inteligência, 130
idêntico, 3

I

identidade, 3
idiota, 131
idiotia, 131
idiotismo, 131
idolatrar, 118
idolatria, 118
idoso, 18
ígneo, 55
ignição, 55
ignorância, 80
  permanecer na –, 80
ignorante, 80
  ser –, 80
ignorar, 80
igual, 3
  tornar –, 3
igualar, 3
igualdade, 3
ilegal
  erro, 82
  injustiça, 125
ilegítimo
  erro, 82
  anarquia, 96
ileso, 20
iletrado, 80
ilimitado, 5
ilógico, 82
iludir, 82
iluminado, 69
iluminar, 67
ilusão, 94
ilusório, 82
ilustrado, 79
imaculado
  brancura, 71
  beleza, 108
  pureza, 128
imagem, 73
imaginoso, 130
imbecil, 131
imbecilidade, 131

imberbe, 17
imensidade, 5
imensidão, 5
imenso
  grandeza, 5
  tamanho, 31
imigrante, 29
imobilidade
  repouso, 40
  insensibilidade, 52
imobilismo, 20
imobilização, 40
imobilizar-se, 40
imoral, 129
imóvel
  ficar –, 40
  permanecer –, 40
  morada, 30
  repouso, 40
  medo, 136
impacientar-se, 120
impaciente
  desejo, 110
  ressentimento, 120
impalpabilidade, 46
impalpável, 46
imparcial, 124
imparcialidade, 124
impassível
  insensibilidade, 52
  indiferença, 111
impecável, 124
impenetrável
  fechamento, 38
  insensibilidade, 52
imperar sobre, 95
imperativo, 77
imperceptibilidade, 46
imperfeição
  inferioridade, 8
  assimetria, 36
  erro, 82

imperfeito, 8
imperícia, 80
império
  superioridade, 7
  autoridade, 95
imperioso, 95
impermeabilidade, 38
impertinente, 132
ímpeto, 103
  sentimento, 103
  violência, 132
impetuosidade
  coragem, 134
  violência, 132
impetuoso
  tornar-se –, 132
  velocidade, 41
  sentimento, 103
  violência, 132
implacável
  ódio, 119
  violência, 132
implicar, 23
imponência, 108
imponente, 5
  importância, 87
  beleza, 108
impopular, 119
importância, 87
  carecer de –, 8, 88
  não ter –, 88
  sem –, 88
importante, 87
importar, 87
importar-se
  não – com, 111
impostor, 112
impotência, 26
impotente
  fraqueza, 26
  inutilidade, 90
  insucesso, 94

imprecisão, 78
impreciso, 78
impressão
  – desagradável, 60
  sensibilidade, 51
  sentimento, 103
impressionado, 103
impressionante, 103
impressionar-se, 103
impressionável, 51
imprimir
  – movimento, 39
improcedente, 125
improdutivamente, 90
improdutivo, 90
impropério, 127
impróprio, 82
imprudência
  desatenção, 76
  imbecilidade, 131
imprudente, 76
impudico, 129
impugnação, 84
impugnar
  negação, 84
  oposição, 85
impulsionar
  aumento, 9
  movimento, 39
impureza, 129
impuro, 129
imundo, 129
imutável
  ser –, 20
  permanência, 20
  repouso, 40
inação, 133
inaceitável
  erro, 82
  injustiça, 125
inacessível
  fechamento, 38

orgulho, 112
descortesia, 117
inalterabilidade, 133
inalterável
  permanência, 20
  indiferença, 111
  moderação, 133
inaptidão
  inutilidade, 90
  imbecilidade, 131
inatividade, 26
inativo, 40
inaudível
  silêncio, 64
  sussurro, 66
inaugural, 13
inaugurar, 13
incandescente, 55
incapacidade
  ignorância, 80
  imbecilidade, 131
incendiar
  destruição, 28
  calor, 55
incêndio, 91
  destruição, 28
  luz, 67
incensurável, 124
incerteza, 78
incerto, 78
incestar, 129
incestuoso, 129
  amor –, 129
inchado, 112
incinerar, 28
incipiente, 13
incitado, 120
incitar, 91
inclinação, 110
inclinar-se
  humildade, 113
  respeito, 126

inclemência, 132
incolor, 70
incólume, 20
incompatibilidade, 115
incompatibilizar-se, 115
incompatível, 115
incompetência, 80, 131
incompetente
  ignorância, 80
  inutilidade, 90
incompreender, 80
inconcebível, 108
inconfidência, 97
inconfundível, 7
inconsciência, 52
inconsequente, 78
incontestável
  certeza, 77
  exatidão, 81
incontrolável, 132
inconveniente, 131
incorporar, 21
incorreção, 82
incorreto, 82
incubar, 27
incultura, 80
indecência, 129
indecente
  injustiça, 125
  impureza, 129
indeciso, 78
indecoroso, 129
indefinido
  incerteza, 78
  erro, 82
indelicadeza, 117
indelicado, 117
independência, 99
independente, 99
indescritível, 108
indesejado, 111
indesejável, 90

I

indesejoso, 111
indestrutível
  amor –, 118
indevido, 82
indiferença, 111
  desatenção, 76
indiferente
  ser –, 111
  desatenção, 76
  indiferença, 111
indígena, 29
indigência, 102
indigente, 102
indigesto, 109
indignação, 120
indignado, 120
indigno, 135
indisciplina
  anarquia, 96
  desobediência, 97
indisciplinado
  anarquia, 96
  desobediência, 97
indisciplinável, 97
indiscriminação, 12
indiscriminado, 78
indiscutível, 81
indispensável, 87
indispor, 115
indisposição, 115
indissolúvel, 1
indistinto, 66
indivisível, 1
indócil, 97
indolente
  lentidão, 42
  insensibilidade, 52
indolor, 52
indomado, 132
indomável
  força, 25
  desobediência, 97

  violência, 132
indubitável, 77
indubitavelmente, 77
indulgência, 122
indultar, 122
indulto, 122
induzir, 23
ineficaz
  inutilidade, 90
  insucesso, 94
ineficiência, 90
ineficiente
  inutilidade, 90
  insucesso, 94
inegável, 77
inelegância, 109
inépcia, 131
inequívoco, 77
inércia, 40
inerte, 48
inesquecível, 108
inexatidão, 82
inexato, 82
inexpressivo, 70
infalibilidade, 77
infalível
  certeza, 77
  exatidão, 81
infância, 17
  primeira –, 17
  começo, 13
infantil
  infância, 17
  pureza, 128
  imbecilidade, 131
infantilidade, 131
infantilizar, 131
infelicidade, 105
infeliz
  golpe –, 94
  ser –, 94
  insucesso, 94

  pobreza, 102
  sofrimento, 105
inferior
  ser –, 8
  desigualdade, 4
  inferioridade, 8
inferioridade, 8
  desigualdade, 4
infernal, 65
inferno, 105
infestar
  dispersão, 22
  destruição, 28
infetar, 62
infeto, 62
infidelidade, 97
  – conjugal, 129
infiltrar-se, 22
ínfimo
  pouquidão, 6
  inferioridade, 8
infindo, 20
infinito, 5
inflamar, 55
inflamar-se
  sentimento, 103
  ressentimento, 120
influência, 87
influente
  importância, 87
  autoridade, 95
informação, 79
informado de, 79
infortúnio, 105
infração, 97
infringir, 97
infrutífero
  inutilidade, 90
  insucesso, 94
infundado, 82
ingenuidade, 131
ingovernável, 97

ingratidão, 125
iniciação, 13
inicial, 13
  elemento –, 13
iniciar, 13
  – os passos, 13
iniciativa, 13
  tomar a –, 13
início, 13
inigualável, 7
inimaginável, 108
inimigo
  ser –, 115
  guerra, 91
  inimizade, 115
  ódio, 119
inimizade, 115
  ter –, 115
iniquidade, 125
  vencer a –, 125
injúria, 127
injuriar, 127
injurioso
  ódio, 119
  desrespeito, 127
injustiça, 125
injustificável, 125
  erro –, 82
injusto, 125
  ser –, 125
inocência, 128
  a idade da –, 17
inocente
  ser –, 128
  infância, 17
  pureza, 128
inócuo
  insignificância, 88
  inutilidade, 90
  indiferença, 111
inofensivo
  paz, 92

humildade, 113
inovação, 19
inquebrantável, 25
inquestionável, 77
inquietação
  movimento, 39
  agitação, 43
  sofrimento, 105
  medo, 136
  violência, 132
inquietar-se
  sofrimento, 105
  medo, 136
inquieto
  agitação, 43
  medo, 136
inquilino, 29
insaciável, 110
insânia, 132
insanidade, 131
insano
  violência, 132
  imbecilidade, 131
insegurança, 78
inseguro, 78
insensatez, 131
insensato, 131
insensibilidade, 52
insensibilizar, 52
insensitivo, 52
insensível
  ser –, 46, 52
  insensibilidade, 52
  impalpabilidade, 46
insignificância, 88
  pouquidão, 6
  inutilidade, 90
insignificante
  pouquidão, 6
  insignificância, 88
insinuante
  cortesia, 116

amor, 118
insinuar-se
  amizade, 114
  amor, 118
insipidez, 58
insípido, 58
  ser –, 58
  tornar –, 58
insipiência, 131
insolência, 97
insolente, 112
insolvência, 102
insolvente, 102
insossar, 58
insosso, 58
inspiração
  sentimento, 103
  inteligência, 130
inspirar
  – confiança, 81
instaurar, 27
instável, 78
instituição, 27
instituir, 27
instrução
  falta de –, 80
instruído, 79
insubmisso, 97
insubordinação
  anarquia, 96
  desobediência, 97
insubordinado, 97
insubordinar, 97
insubstituível, 87
insucesso, 94
  tristeza, 107
insuficiência, 131
insulano, 29
insultante, 127
insultar, 127
insulto, 127
insultuoso, 127

I

insuperável, 7
insuportável
 amargura, 60
 desobediência, 97
insurgir-se contra
 oposição, 85
 desobediência, 97
insurreição, 97
insuspeito, 124
intátil, 46
intato
 permanência, 20
 pureza, 128
integral, 1
integrar, 1
integridade
 todo, 1
 justiça, 124
íntegro
 todo, 1
 justiça, 124
inteirar, 1
inteireza, 124
inteiro, 1
intelecto, 130
intelectuais
 perda das faculdades –, 131
inteligência, 130
 – acanhada, 131
inteligente, 130
 ser muito –, 79
intensidade, 5
intensificar, 9
intenso
 calor –, 55
 barulho, 65
 sentimento, 103
interessado, 110
interessar
 não –, 88
interessar-se por, 110

interesse
 com muito –, 75
 falta de –, 111
 importância, 87
 utilidade, 89
intimidade
 amizade, 114
 amor, 118
íntimas
 relações –, 114
intranquilidade, 136
intranquilo
 sofrimento, 105
 medo, 136
intransitável, 38
intransponível, 38
intratável, 112
intrépido, 134
introdução, 13
introspecção, 75
intruso, 29
intuição, 79
intuitivo, 77
inútil
 ser –, 90
 inutilidade, 90
 insucesso, 94
inutilidade, 90
 insignificância, 88
inutilizar, 28
invalidar
 negação, 84
 inutilidade, 90
invalidez, 26
inveja, 110
invejar, 110
invejoso
 desejo, 110
 ódio, 119
invencível
 superioridade, 7
 força, 25

 guerra, 91
 sucesso, 93
inventar, 27
inverídico, 82
invernar, 56
inverno, 56
 – da vida, 18
invernoso, 56
investigação, 75
investigar, 75
investir, 132
invicto
 superioridade, 7
 força, 25
 sucesso, 93
inviolável, 20
invisível
 pequenez, 32
 distância, 33
ir
 – caindo a tarde, 16
ir-se
 – para o céu, 48
 distância, 33
 morte, 48
ira
 ódio, 119
 ressentimento, 120
irado
 tornar-se –, 132
 ressentimento, 120
 violência, 132
irmanado, 86
irmanar, 92
irmandade, 114
irmão, 3
iroso, 119
irradiação, 67
irreal, 82
irreconciliável, 115
irredutível, 25
irrefletido, 131

I J L

irreflexão, 131
irrefutável
  certeza, 77
  exatidão, 81
irregular
  desigualdade, 4
  desordem, 12
  assimetria, 36
  agitação, 43
irregularidade
  desigualdade, 4
  desordem, 12
irrelevância, 6
irremediável, 77
irrequieto
  desobediência, 97
  violência, 132
irresistível
  força, 25
  beleza, 108
irresoluto, 96
irresponsável, 131
irreverência, 127
irreverente
  ser –, 127
  descortesia, 117
  desrespeito, 127
  impureza, 129
irrisório
  pouquidão, 6
  insignificância, 88
irritação
  sofrimento, 105
  violência, 132
irritadiço
  descortesia, 117
  ressentimento, 120
irritado
  ressentimento, 120
  violência, 132
irritante, 119
irritar-se, 120

irromper, 13
isenção, 124
isolar, 38

J

jamais, 84
janela, 37
jardim, 30
jasmim, 61
jazer
  repouso, 40
  morte, 48
jiló, 60
jocosidade, 106
jocoso, 106
jogo, 21
jornada, 39
  última –, 48
jovem, 17
jovial, 106
jovialidade, 106
jubilar-se, 106
júbilo
  encher-se de –, 106
  prazer, 104
  alegria, 106
jucundo, 106
jugo, 100
juízo
  dia do – final, 14
  ter –, 130
  ganhar –, 130
  inteligência, 130
  sem –, 131
Julieta
  Romeu e –, 118
júnior, 17
juntar, 21
juntar-se, 86

junto a, 34
jurar, 83
justiça, 124
  conforme a –, 124
  professar a –, 124
justiceiro, 124
justo(s), 124
  ser –, 124
  sono dos –, 48
juvenil, 17
  idade –, 17

L

labareda, 55
lábios
  morder os –, 120
labirinto, 12
laços
  – de amizade, 114
lado
  – a lado, 34
  ao – de, 34
  olhar para outro –, 76
  por esse –, 73
lágrimas
  banhado em –, 105
laia
  ser da mesma –, 3
lama
  viver na –, 102
lamacento, 49
lamber
  – os beiços, 57, 59
lamentar, 107
lampejo, 67
lançar
  – os alicerces, 13, 27
lancetar, 54
languidez, 26

L

lânguido, 26
lapso, 82
lar, 30
   – doméstico, 30
largo
   grandeza, 5
   tamanho, 31
largura, 31
lassidão
   fraqueza, 26
   lentidão, 42
lastimar-se, 107
lastimável, 105
lastimoso, 105
latão, 67
lauto, 59
leal, 98
lealdade
   obediência, 98
   respeito, 126
lebre, 41
legal, 124
legislar, 95
legítimo
   exatidão, 81
   justiça, 124
lei
   cumprir –, 98
   violação da –, 97
leigo, 80
   ser –, 80
leitoso, 71
lenitivo, 133
lentidão, 42
lento, 42
lépido, 106
lerdo, 131
lesa-majestade
   crime de –, 97
lesma, 42
leva, 21
levantar
   ao – do sol, 15
levante, 97
levar
   – desvantagem, 8
   – vantagem, 7
leviandade, 131
liberalismo, 99
liberdade, 99
   – de consciência, 99
   – de culto, 99
   – de ensino, 99
   – de pensamento, 99
   estar em –, 99
   anarquia, 96
liberto, 99
licenciosidade
   anarquia, 96
   impureza, 129
liderança, 7
lido, 79
ligação
   cooperação, 86
   amizade, 114
ligado a, 114
ligar, 86
ligeireza
   velocidade, 41
   imbecilidade, 131
ligeiro, 41
limitação, 10
limitado, 32
limitar, 10
limite, 14
   dentro dos – traçados, 133
limpar, 28
   – o tempo, 50
limpeza, 128
limpidez
   pureza, 128
   moderação, 133
limpo
   tirar a –, 123
lindo, 108
língua, 57
   – de fogo, 55
   na ponta da –, 34
linha
   não alterar uma –, 20
liquidar, 123
lírio
   brancura, 71
   beleza, 108
lisonjear, 121
literal, 81
literário
   bagagem –, 79
lividez, 70
lívido, 70
livre
   liberdade, 99
   ideias –, 99
   ser –, 99
   ter o campo –, 99
livro
   paixão pelos –, 79
   ser riscado do – dos viventes, 48
lobisomem, 136
local
   cor –, 69
localidade, 30
locatário, 29
locomoçao, 39
locomover-se, 39
lógica, 124
   ser consequência – de, 24
logicamente, 24
lógico
logrado
   bem –, 93
lograr
   sucesso, 93

L M

prazer, 104
longe (de), 33
  – disso, 84
  ir –, 5
  que enxerga –, 130
  ver –, 130
longínquo, 33
longo
  ao – de, 34
losna, 60
lotação, 31
louco
  – de amor, 118
  – de raiva, 120
  amar como um –, 118
  violência, 132
  imbecilidade, 131
loucura
  alegria, 106
  violência, 132
louros, 93
lua
  andar no mundo
  da –, 76
lua de mel, 104
luar, 67
lucidez
  luz, 67
  inteligência, 130
lúcido, 67
lucrar, 89
lucrativo, 89
lucro, 89
lugarejo, 30
lúgubre
  obscuridade, 68
  fealdade, 109
lume
  calor, 55
  luz, 67
luminoso
  luz, 67

beleza, 108
lusco-fusco, 16
  ao –, 16
lustre, 67
lustroso, 67
luta(s), 91
  – sangrentas, 91
  travar –, 91
lutar, 91
luxuoso, 53
luxúria
  prazer, 53
  impureza, 129
luxuriante, 53
luxurioso
  prazer, 53
  impureza, 129
luz, 67
  – do dia, 67
  apagar a –, 68
  apagar das –, 14
  dar à –, 27
  falta de –, 68
  primeiro raio de –, 15
  velocidade, 41
  vida, 47
luzidio, 67
luzir, 67

M

macaco, 109
macho, 25
machucar, 54
macular, 129
madrugada, 15
madrugar, 13
maduro(a)
  idade –, 18
mãe, 23

magia, 73
mágico, 108
magnífico, 108
magnitude, 31
mágoa
  tristeza, 107
  ressentimento, 120
magoado, 107
magoar, 54
magoar-se, 120
magro
  pessoa –, 26
  pequenez, 32
  assimetria, 36
maior, 7
majestoso, 112
majoração, 9
majorar, 9
malcheiroso, 62
malcriado
  desobediência, 97
  descortesia, 117
maldoso, 125
mal-educado
  desobediência, 97
  descortesia, 117
mal-encarado, 109
mal-estar
  dor, 54
  sofrimento, 105
  medo, 136
malévolo, 119
malfeito, 8
malgrado, 85
mal-humorado
  sofrimento, 105
  descortesia, 117
malícia, 119
  isento de –, 128
malicioso
  ódio, 119
  impureza, 129

M

malograr, 90
malograr-se, 94
malogro, 94
malquerença, 115
malquisto, 119
malsucedido, 94
maltrapilho, 102
maltratar
  descortesia, 117
  desrespeito, 127
maluquice, 131
mamar, 17
maná, 59
manancial, 23
manchar, 129
mandar, 95
mando, 95
maneiras
  boas –, 116
manejar, 45
manequim, 32
manhã, 15
  ao romper da –, 15
  primeiro alvor da –, 15
  começo, 13
manhãzinha
  de –, 15
manipulação, 45
manipular, 45
manjar, 59
mansão, 30
mansidão
  lentidão, 42
  silêncio, 64
  humildade, 113
  moderação, 133
manso
  lentidão, 42
  paz, 92
  humildade, 113
  moderação, 133
manter
  – o mesmo, 20
manto, 68
manual, 45
  obra –, 27
manufatura, 27
manufaturar, 27
manusear, 75
manutenção, 20
mão(s), 45
  à –, 34
  aperto de –, 116, 121
  dar as –, 86
  estar nas – de, 100
  fora de –, 33
  levar a –, 45
  tocar com as –, 45
mão de obra, 27
mãozudo, 36
mar
  – de contrariedades, 105
  – de rosas, 104
marasmo, 107
marcha, 39
maresia, 62
marfim, 71
maricas, 135
mártir, 105
martírio
  dor, 54
  sofrimento, 105
marulhar, 65
masculinizar, 25
másculo, 25
massa
  – popular, 21
massudo, 31
matar-se por, 110
matemático, 81
maternal, 118
materno
  amor –, 118
  ninho –, 30
  sair do ventre –, 47
matinal, 15
matizar, 69
matriz, 23
matutino, 15
  crepúsculo –, 15
matuto, 29
mau, 119
mavioso, 121
máximo
  o –, 5
mazela, 54
medido, 134
medíocre
  insignificância, 88
  imbecilidade, 131
meditação
  atenção, 75
  tristeza, 107
meditar, 107
meditativo, 107
medo, 136
  morrer de –, 135
  pelar-se de –, 136
  ter – (de), 135, 136
medonho
  barulho, 65
  ódio, 109
  medo, 136
medrar, 27
medroso, 136
medula
  penetrar até a – dos ossos, 56
meigo
  amor, 118
  carícia, 121
meiguice, 113
meios, 101
  ter – escassos, 102
melindrar-se, 120
melindroso, 135

M

membro, 2
memorável, 87
mendicância, 102
mendicante, 102
mendigagem, 102
mendigar, 102
mendigo, 102
meninice, 131
menor, 8
menos, 8
menosprezo
   ter – por, 112
mentecapto, 131
mentir, 82
mercê
   estar à – de, 100
mero, 6
mesclar, 69
mesmo que, 85
mesquinhez, 88
   insignificância, 88
mesquinho, 102
mesura, 126
mesurado, 130
meta, 14
   atingir a –, 93
metabolismo, 19
metade, 2
metamorfose, 19
meticuloso, 75
metodicamente, 133
metódico
   ordem, 11
   inteligência, 130
método
   ordem, 11
   inteligência, 130
metrópole, 30
metropolitano, 30
mexer-se, 39
microscópico, 32
microscópio, 32

mignon, 32
milagre, 93
milimétrico, 32
milionário, 101
militarizar, 91
mimar, 121
mimo, 108, 121
mimoso
   acromatismo, 70
   beleza, 108
   moderação, 118
mina
   – de ouro, 101
   ser uma – de saber, 79
minar, 28
míngua, 102
minguado
   pequenez, 32
   pobreza, 102
minguar, 10
minimizar, 10
mínimo, 8
minoria, 8
minuciosidade
   atenção, 75
   exatidão, 81
minucioso, 81
minúsculo, 32
miolos
   não ter –, 131
mira, 110
mirra, 61
mirrado, 32
mirrar, 50
misantropia, 107
miserável
   pouquidão, 6
   pobreza, 102
miséria
   reduzir à –, 102
   pobreza, 102
   sofrimento, 105

misericórdia, 122
   tiro de –, 14
mísero, 105
misterioso, 78
miúdo, 32
mobilizar, 39
mocidade, 17
moderação, 133
   inteligência, 130
moderadamente, 133
moderado
   ser –, 133
   moderação, 133
   inteligência, 130
moderar
   – a velocidade, 42
   moderação, 133
modéstia
   insignificância, 88
   pobreza, 102
   humildade, 113
   pureza, 128
   moderação, 133
modesto
   pouquidão, 6
   insignificância, 88
   pobreza, 102
   humildade, 113
modificação, 19
modificar
   mudança, 19
   moderação, 133
modificável, 19
modo
   de – algum, 84
   de nenhum –, 84
mofar, 127
mofo, 49
mole
   fraqueza, 26
   anarquia, 96
   covardia, 135

M

molécula, 32
moleira
 ser duro da –, 131
moleirão, 135
molengo, 135
moleza
 anarquia, 96
 covardia, 135
molhar, 49
monarquia, 95
monocromático, 69
monotonia, 20
monótono, 20
monstrengo, 109
monstro
 tamanho, 31
 assimetria, 36
 fealdade, 109
monstruosidade
 tamanho, 31
 assimetria, 36
monstruoso
 grandeza, 5
 tamanho, 31
 assimetria, 36
montanha, 31
montão, 21
monte, 5
monumental
 grandeza, 5
 tamanho, 31
morada, 30
 – de amor, 118
 a – eterna, 48
morador, 29
morbidez, 26
morder
 dor, 54
 gosto, 57
moribundo, 48
morno, 55
morosidade, 42

moroso, 42
morrer
 – de medo, 135
 estar triste de –, 107
 tarde, 16
 morte, 48
 acromatismo, 70
 desaparecimento, 74
mortal, 48
 ódio –, 119
 silêncio –, 64
morte, 48
 encontrar a –, 48
 estar entre a vida
 e a –, 48
 guardar ódio
 até a –, 119
 destruição, 28
morto
 cair –, 48
 estar –, 48
 estar – por, 110
 sono dos –, 48
 repouso, 40
 morte, 48
 insensibilidade, 52
mosquito, 32
mostra, 73
motim
 desordem, 12
 barulho, 65
 desobediência, 97
motivar, 23
motivo, 23
 dar –, 23
motriz
 força –, 23
mover-se, 39
 – rapidamente, 41
movimentar-se, 39
movimento, 39
 estar em –, 39

imprimir –, 39
 mudança, 19
 agitação, 43
mudado, 19
mudança, 19
 – violenta, 28
mudar, 19
 – de rumo, 19
mudez, 64
mudo, 64
mugir, 63
mula sem cabeça, 136
mulherão, 31
multidão
 grandeza, 5
 reunião, 21
multiplicar, 27
multiplicar-se, 9
mundano, 53
mundo
 alma do outro –, 136
 andar no – da lua, 76
 fim do –, 33
 não caber no –, 112
 vir ao –, 47
munícipe, 29
muralha, 31
murchar, 70
murchar-se, 26
murcho
 fraqueza, 26
 secura, 50
murmulho, 63
murmurar
 som, 63
 sussurro, 66
murmurejar
 som, 63
 sussurro, 66
murmúrio, 66
muscular
 força –, 25

M N

musculoso
  força, 25
  tamanho, 31
mutável, 19
mutilar, 10

N

nacional, 29
nada, 90
  – disso, 84
nadar
  – em suor, 55
namorado, 118
namorador, 118
namorar, 110
namoricar, 121
namorico, 121
namoro
  amor, 118
  carícia, 121
nanico, 32
não, 84
narcótico, 52
narigão, 36
narigudo
  assimetria, 36
nascer
  – do sol, 15
  fazer –, 27
  começo, 13
  efeito, 24
  vida, 47
nascido
  ser – ontem, 17
nascimento
  causa, 23
  produção, 27
nativo, 29
natural de, 24

naturalmente, 24
naufrágio
  destruição, 28
  insucesso, 94
náusea
  causar –, 60
  amargura, 60
  sofrimento, 105
navalhada, 54
necessariamente, 24
necessário, 89
necessidade
  utilidade, 89
  pobreza, 102
  desejo, 110
necessitado, 102
néctar
  sabor, 59
  prazer, 104
negação, 84
negar, 84
negativa, 84
negativamente, 84
negativo, 84
negligência, 127
negligenciar, 76
negligente, 76
negrejar
  obscuridade, 68
  pretidão, 72
negridão
  obscuridade, 68
  pretidão, 72
negro
  ver tudo –, 107
  obscuridade, 68
  pretidão, 72
negrume
  obscuridade, 68
  pretidão, 72
negrura, 72
nem, 84

nepotismo, 125
nervo
  ser homem de –, 25
nervosismo, 136
nervoso, 136
néscio, 80
neutralidade
  paz, 92
  indiferença, 111
neutro, 111
  ficar –, 111
nevada, 56
nevado, 71
nevar
  frio, 56
  brancura, 71
nevasca, 56
neve
  de –, 71
  flocos de –, 56
  frio, 56
  brancura, 71
nevoar-se, 68
nevoento
  frio, 56
  obscuridade, 68
nevralgia, 54
nigérrimo, 72
ninfa, 108
ninho, 118
  – materno, 30
nitidez, 67
nítido, 67
nivelamento, 3
nivelar, 3
nivelar-se, 3
nó, 87
nobre, 124
noção
  ter – de, 79
noctívago, 16
noite, 68

N O

à boca da –, 16
calada da –, 64
noitinha, 16
noivar, 121
nojento
  amargura, 60
  fedor, 62
  ódio, 119
nojo, 60
normal, 11
norte
  de – a sul, 33
nostalgia, 107
nota, 83
notar, 51
notório, 77
  público e –, 77
noturno, 16
novo, 13
nublado, 68
nublar, 68
núcleo, 87
nulidade, 90
nulo, 90
nunca, 84
nutrir
  – suspeitas, 78
  força, 25
  sentimento, 103

O

obedecer
  obediência, 98
  sujeição, 100
obediência, 98
  jurar –, 98
  prestar –, 98
  sujeição, 100
  respeito, 126

obediente
  obediência, 98
  humildade, 113
obesidade, 31
obeso, 31
óbito, 48
objetivo, 110
  alcançar o –, 93
  atingir o –, 93
oblíquo, 36
obra, 27
  – de arte, 27
  – manual, 27
obra de, 34
obra-prima, 108
obrar, 27
obscenidade(s), 129
  dizer –, 129
obsceno, 129
  gesto –, 127
obscurecer
  obscuridade, 68
  pretidão, 72
obscuro, 68
obscuridade, 68
  incerteza, 78
obséquio, 116
observação
  atenção, 75
  afirmação, 83
observador, 75
observar, 75
obsoleto, 90
obstante
  não –, 85
obstrução, 38
obter, 93
obturação, 38
óbvio, 77
ocasional, 78
ocasionar, 23
ocaso

  fim, 14
  desaparecimento, 74
ocidente
  extremo –, 33
oco, 90
octogenário, 18
ocultação, 74
ocultar-se, 74
ocupante, 29
odiado, 119
odiar, 119
odiento, 119
ódio, 119
  – mortal, 119
  guardar – até a morte, 119
  semear –, 119
  ter – figadal, 119
  inimizade, 115
odioso, 125
odor, 61
  ter –, 61
odoroso, 61
ofegante, 103
ofegar, 103
ofensa
  desobediência, 97
  ressentimento, 120
ofensivo
  ódio, 119
  desrespeito, 127
oficial, 95
ofuscação, 68
ofuscante, 69
ofuscar
  superioridade, 7
  obscuridade, 68
olhar
  – amoroso, 118, 121
  – ardente, 121
  – para outro lado, 76
  – sobranceiramente, 112

O P

olho(s)
  afagar com os –, 121
  aos – de, 73
  fechar os –
  (a alguém), 48
  queimar-se nos –, 118
  tapar os –, 76
  ter bom –, 130
  ter – de águia, 130
  ter venda nos –, 80
  – de lince, 130
ombrear-se, 3
omitir, 82
onipotente, 25
ontem
  ser nascido –, 17
opaco, 68
operar, 27
  – uma transformação, 19
opinativo, 78
ópio, 52
oponente, 85
opor-se, 85
oposição, 85
  guerra, 91
  desobediência, 97
opositor, 85
oposto, 115
opressão
  dor, 54
  sujeição, 100
oprimido, 107
opulência, 101
  viver na –, 101
opulento, 101
ordem, 11
  atender às –, 98
  cumprir –, 98
  desrespeitar uma –, 97
  estar em –, 11
  ficar em –, 11
  simetria, 35

paz, 92
ordenado, 11
ordenar, 95
ordinário
  insignificância, 88
  inutilidade, 90
orelhudo, 131
organização, 27
organizado, 11
organizar, 27
orgia, 12
orgulhar-se, 112
orgulho, 112
orgulhoso, 112
  ser –, 112
oriente
  extremo –, 33
orifício, 37
origem
  dar –, 23
  ter –, 24
  começo, 13
  causa, 23
original, 23
originar
  começo, 13
  causa, 23
originário, 24
originar-se de, 24
oriundo de, 24
ornar, 27
orvalhado, 49
orvalhar, 49
orvalho, 49
ósculo, 121
osso
  penetrar até a medula
  dos –, 56
ostensivo, 73
ostentação, 112
ostentar
  – beleza, 108

  – pompa, 108
otimismo, 106
otimista, 106
ouro, 67
  mina de –, 101
ousadia, 134
ousar, 134
ouvido(s)
  atordoar o –, 65
  ser todo –, 75
ouvir, 75
ovo, 13
  – podre, 62
  atirar – podre, 127

P

pacatez, 133
pacato
  paz, 92
  obediência, 98
paciente, 92
pacificação
  paz, 92
  moderação, 133
pacificador, 92
pacificar
  paz, 92
  perdão, 122
  moderação, 133
pacífico
  paz, 92
  moderação, 133
paço, 30
pactuar, 86
padecer
  dor, 54
  sentimento, 103
  sofrimento, 105
padecimento

P

dor, 54
sofrimento, 105
página
  virar uma nova –, 19
pairar, 39
país
  banhar o – em sangue, 91
paisagem, 73
paixão
  – pelos livros, 79
  despertar –, 118
  sentimento, 103
  desejo, 110
  amor, 118
  violência, 132
palacete, 30
palácio, 30
paladar, 57
  bom –, 59
  desagradável ao –, 60
  ter mau –, 60
palatino, 57
palavra
  – amiga, 121
palerma, 131
palha
  homem de –, 135
palidez
  acromatismo, 70
  sentimento, 103
pálido
  ficar –, 103
palmo
  não ver um – diante do nariz, 131
palpação, 45
palpável, 45
palpitação
  sentimento, 103
  medo, 136
palpitante, 103

palpitar, 47
pancada, 63
pançudo
  assimetria, 36
  fealdade, 109
pândego, 106
pandemônio, 12
pânico, 136
panorama, 73
pantanoso, 49
pão
  comer o – que o diabo amassou, 105
paparico, 121
papel
  ficar no –, 90
papudo, 36
parada
  fim, 14
  repouso, 40
paradisíaco, 104
parado, 133
paraíso, 104
paralelismo, 35
paralelo
  sem –, 7
paralisação, 40
paralisar, 52
paralisia, 40
paralítico, 52
parar
  fim, 14
  repouso, 40
parcela, 2
parcelado, 2
parcelar, 2
parceria, 86
parcial
  parte, 2
  injustiça, 125
parcialidade
  desigualdade, 4

injustiça, 125
parcimônia, 133
parecer, 73
parelha, 3
páreo, 91
parir, 27
paroquiano, 29
parque, 30
parte, 2
  – essencial, 87
  – principal, 87
participante, 86
partícula, 2
particular
  neste –, 73
particularidade, 2
partida, 48
  ponto de –, 13
partidário, 86
partidarismo, 86
partilha, 22
partilhar, 86
partir, 2
parto, 27
  dor de –, 54
parvoíce, 131
passagem
  mudança, 19
  abertura, 37
passamento, 48
passar
  – os dedos sobre, 45
passividade, 98
passo
  – curto, 42
  afrouxar o –, 42
  a poucos – de, 34
  ficar a poucos – de, 34
  iniciar os –, 13
  não ceder um –, 20
  ordem, 11
  movimento, 39

P

patente, 95
paternal
  amor, 118
  carícia, 121
paternidade
  causa, 23
  produção, 27
paterno(a)
  amor –, 118
  casa –, 30
  domicílio –, 30
pateta, 131
patético, 103
pátio, 30
pátria, 30
patriarcal, 18
patrício, 29
pátrio, 29
patronato, 95
paulada, 54
pauperismo, 102
pausa, 40
pausado, 42
pavor, 136
pavoroso, 136
paz, 92
  fazer as – com, 92
  manter a –, 133
  quebrar a –, 132
  restituir a –, 92
  viver em –, 92
  repouso, 40
  silêncio, 64
  moderação, 133
pé(s)
  arrastar os –, 42
  de – juntos, 83
  estar com um – na cova, 18
  – ante –, 133
pecado, 129
pecaminoso, 129

pedacinho, 6
pedantismo, 80
pedinte, 102
pedir, 110
pegadiço, 22
pegar, 45
peleja, 91
pelejar, 91
pena
  sofrimento, 105
  tristeza, 107
penada
  alma –, 136
penalizado, 107
penalizar-se, 105
penar, 105
pendor, 110
penetrante
  sensibilidade, 51
  dor, 54
  barulho, 65
  sentimento, 103
  violência, 132
  inteligência, 130
penetrar
  abertura, 37
  dor, 54
  conhecimento, 79
  inteligência, 130
pensamento
  liberdade de –, 99
  nem por –, 84
pensante, 79
pensar em, 110
pensativo
  desatenção, 76
  tristeza, 107
penúria, 102
pequenez, 32
  pouquidão, 6
  humildade, 113
pequenino

infância, 17
pequenez, 32
pequeníssimo, 32
pequeno
  ser –, 32
  infância, 17
  pequenez, 32
perceber
  sensibilidade, 51
  sentimento, 103
percorrer, 39
percurso, 39
perda
  fraqueza, 26
  morte, 48
perdão, 122
  pedir –, 122
perder
  – de vista, 33, 74
  – o vigor, 26
  – terreno, 8, 42
  a – de vista, 33
perder-se, 74
  – de vista, 5
perdição
  destruição, 28
  insucesso, 94
perdido
  distância, 33
  desatenção, 76
  insucesso, 94
  impureza, 129
perdoador, 122
perdoar, 122
perdoável, 122
perecer
  destruição, 28
  morte, 48
perecimento, 94
peregrinar, 39
peremptório, 95
perene, 20

P

perfeição
  simetria, 35
  beleza, 108
perfeitamente, 83
perfeito
  simetria, 35
  beleza, 108
perfil, 73
  – grego, 108
perfumado, 61
  ser –, 61
perfumar, 61
perfume, 61
  encher de –, 61
  espalhar –, 61
perfurar, 37
  – a carne, 54
perigo
  desafiar o –, 134
  encarar o –, 134
  enfrentar o –, 134
perigoso, 91
perito, 79
permanecer, 20
permanência, 20
permanente, 20
permeável, 37
permutar, 19
perna(s)
  estar de – para o ar, 12
  fraco das –, 42
pernudo, 36
pérola, 71
perpetuar, 27
perplexidade, 78
perplexo, 12
  ficar –, 136
perscrutador, 130
perseguição, 105
perseguido, 119
persistência, 20
persistente, 20

persistir, 20
perspectiva, 73
perspicácia, 135
perspicaz, 130
perto, 34
  de –, 34
  estar –, 34
perturbação
  agitação, 43
  desobediência, 97
  sentimento, 103
perturbado, 105
perturbar-se
  agitação, 43
  medo, 136
pesadelo
  dor, 54
  sofrimento, 105
  medo, 136
pesar
  em que – a, 85
  sofrimento, 105
  tristeza, 107
pesaroso, 107
pescar, 130
pescoçudo, 36
peso
  o – dos anos, 18
pesquisa, 75
pessimismo, 107
péssimo, 119
pessoa, 29
  – fidedigna, 77
  – magra, 26
petiscar, 57
picada(s), 54
  sentir –, 44
picar
  abertura, 37
  sensibilidade, 51
  dor, 54
  comichão, 44

piche, 72
pigmento, 69
pigmeu, 32
pindaíba, 102
pingo, 32
pintar, 69
pintura
  cor, 69
  beleza, 108
pipa, 32
pisar, 54
pitoresco, 108
placidez, 133
plácido, 133
platônico, 128
  amor –, 118
plenitude, 1
pleno, 5
pó
  reduzir-se a –, 28, 94
  pequenez, 32
  inutilidade, 90
pobre
  pobreza, 102
  – como Jó, 102
  ficar –, 102
  ser –, 102
pobre-diabo, 102
pobretão, 102
pobreza, 102
  – franciscana, 102
  reduzir à –, 102
  pouquidão, 6
  insignificância, 88
podar, 10
poder
  acesso ao –, 95
  grandeza, 5
  força, 25
  autoridade, 95
  violência, 132
poderio, 95

P

poderoso
  superioridade, 7
  força, 25
  tamanho, 31
  barulho, 65
  importância, 87
podre
  – de rico, 101
  atirar ovo –, 127
  fedor, 62
  impureza, 129
podridão, 129
poente
  sol –, 16
poético
  sentimento, 103
  beleza, 108
polêmica, 91
polidez, 116
polido
  tornar-se –, 116
poliglota, 79
poluição, 129
poluir, 129
pompa, 73
  ostentar –, 108
pomposo, 108
ponderar, 75
ponta
  – do dia, 15
  na – da língua, 34
pontapé, 54
ponto, 32
  – de partida, 13
  o – fundamental, 87
pontualidade, 81
população, 29
popular
  massa –, 21
  soberania –, 99
populoso, 21
pôr

  – fim, 14
porção, 2
pôr do sol, 16
pormenor, 88
pornografia, 129
pornográfico, 129
poroso, 37
porta, 37
  abrir a – a, 13
  bater à –, 34
portátil, 32
porte, 31
porto, 40
português, 29
pose, 73
posição
  aparecimento, 73
  autoridade, 95
positivamente, 83
positivo, 81
possante, 25
posseiro, 29
posses, 101
  ser homem de muitas
  –, 101
possesso, 120
posterior, 14
posto, 95
  desertar do –, 135
  ocupar um –, 95
póstumo, 14
postura, 73
potência, 25
potente, 65
pouca-vergonha, 129
pouco, 6
  – a –, 133
  pouquidão, 6
pouquinho, 6
pousada
  morada, 30
  repouso, 40

povo, 29
povoação, 30
povoado, 30
povoador, 29
povoar, 27
prata, 71
pratear, 67
prazenteiro, 104
prazer, 53, 104
  entregar-se aos –, 53
  experimentar –, 53, 104
  fonte de –, 53
  sentir –, 53
prazeroso, 104
precário, 78
precioso, 89
precipitação, 41
precipitado, 131
precipitar-se, 132
precisão
  exatidão, 81
  pobreza, 102
precisar, 102
preciso
  certeza, 77
  exatidão, 81
preclaro, 79
preço
  por – algum, 84
predileção, 110
predileto, 118
prédio, 30
predominante, 95
predomínio
  superioridade, 7
  autoridade, 95
preeminência
  superioridade, 7
  autoridade, 95
prefeitura, 95
preferência, 110
  ter –, 7

P

preferir
  superioridade, 7
  desejo, 110
preguiça, 42
preguiçoso, 42
preito, 126
  render –, 126
  render – e
  homenagem, 98
prêmio, 93
preocupação, 105
preocupado, 75
preparar, 27
preparo, 79
preponderância, 7
preponderante
  superioridade, 7
  autoridade, 95
prerrogativa, 99
presença, 73
preservação, 20
presidência, 95
presidencialismo, 95
presidente
  ser –, 95
prestar
  não – para nada, 90
prestativo, 89
prestável, 89
prestigiar, 126
prestigioso, 126
préstimo, 89
presumido, 112
presumir, 78
presunção, 112
presunçoso, 112
pretendente
  desejo, 110
pretender, 110
pretensão, 110
pretidão, 72
preto, 72

tornar –, 72
prevalecer, 7
prevaricador, 125
prevaricar, 129
prevenido, 136
prever, 130
prezado, 118
prezar, 126
primário, 13
primazia, 7
  ter –, 7
primeiro
  superioridade, 7
  começo, 13
primitivo
  começo, 13
  causa, 23
primogênito, 13
primordial
  começo, 13
  causa, 23
  importância, 87
primórdio
  começo, 13
  causa, 23
primoroso, 108
princesa, 108
principal, 7
  parte –, 87
principiante, 13
principiar, 13
princípio
  começo, 13
  causa, 23
prisma
  sob este –, 73
privação, 102
privar, 114
privilégio, 99
problemático, 78
problematizar, 78
procedência, 23

procedente, 24
proceder, 24
  – mal, 117
proclamar, 83
produção, 27
produtivo, 27
produto
  efeito, 24
  produção, 27
produtor, 27
produzido, 27
produzir, 27
proeza, 134
profanação, 127
proferir
  afirmação, 83
  autoridade, 95
profícuo, 89
profundeza, 130
profundo, 5
progressão
  aumento, 9
  ordem, 11
  movimento, 39
progressivo, 9
progresso, 9
proliferação, 9
promiscuidade, 12
promíscuo, 12
pronto, 130
pronunciar-se contra, 97
propagação
  aumento, 9
  dispersão, 22
propagar, 27
propagar-se, 9
propor, 83
proporção
  – harmoniosa, 35
proporcional, 35
proporcionalidade
  ordem, 11

simetria, 35
propriedade, 30
propriedades, 101
proscrever, 28
prosperar
  produção, 27
  riqueza, 101
prosperidade
  aumento, 9
  sucesso, 93
próspero
  prazer, 53
  sucesso, 93
prostituir-se, 129
prostração
  destruição, 28
  tristeza, 107
prostrado, 107
prostrar-se, 126
proteção, 95
proteger, 25
protestar
  afirmação, 83
  oposição, 85
protesto
  afirmação, 83
  negação, 84
prova
  resistir a toda –, 81
provar, 57
proveito
  tirar – de, 93
  utilidade, 89
  sucesso, 93
proveitoso, 89
  ser –, 89
proveniência, 23
proveniente de, 24
  ser – de, 24
providência, 101
província, 30
provinciano, 29

provindo, 24
provir, 24
provocação
  desejo, 110
  carícia, 121
provocador, 110
provocante
  desejo, 110
  ressentimento, 120
  carícia, 121
  impureza, 129
provocar
  – a guerra, 91
provocativo, 110
proximamente, 34
proximidade, 34
próximo, 34
prudência, 130
prudente
  paz, 92
  inteligência, 130
prurido
  sensibilidade, 51
  comichão, 44
  desejo, 110
publicação, 27
publicar, 83
público
  – e notório, 77
pudico, 128
pudor, 128
  ultraje ao –, 129
pueril, 17
  idade –, 17
pular, 41
pulga, 32
pulsar, 103
  – o coração, 47
pulso, 95
pulverizar, 49
punhado, 2
pureza, 128

purgatório, 105
puro
  prazer, 104
  pureza, 128
pus, 62
pusilânime
  anarquia, 96
  covardia, 135
putrefação, 62
putrificar, 62

Q

quadro, 73
quadruplicar, 9
quantidade
  grandeza, 5
  tamanho, 31
quartel, 30
quarto, 30
quebrar, 28
quebrar-se, 28
queda
  diminuição, 10
  destruição, 28
  insucesso, 94
  desejo, 110
queima-bucha
  à –, 34
queimado, 120
queimadura, 54
queimar
  destruição, 28
  calor, 55
queima-roupa
  à –, 34
queimar-se, 120
queixo
  bater o –, 56
  tiritar de –, 56, 136

Q R

queixoso, 120
quente
  estar –, 55
  prazer, 53
  calor, 55
quentura, 55
querer (a)
  desejo, 110
  amor, 118
questão
  – fútil, 88
questionar, 84
questionável
  incerteza, 78
  erro, 82
quietação, 133
quietar, 133
quieto
  estar –, 40
  repouso, 40
  silêncio, 64
  paz, 92
  moderação, 133
quietude
  permanência, 20
  repouso, 40
  paz, 92
  moderação, 133
quitação, 122

R

rabugento, 117
rachar
  frio de –, 56
radiante, 104
radical, 87
radioso
  luz, 67
  alegria, 106

raiada
  primeira –, 15
raiar
  começo, 13
  manhã, 15
raio
  primeiro – de luz, 15
  velocidade, 41
  luz, 67
raiva
  espumar de –, 119, 120
  ficar fulo de –, 120
  louco de –, 120
  ódio, 119
  ressentimento, 120
raivoso
  sentimento, 103
  ressentimento, 120
  violência, 132
raiz, 13
  cortar pela –, 28
rama
  saber pela –, 80
ramalhar, 63
ramificação, 22
ramificar, 2
rancor, 119
  ter –, 119
rancoroso
  ódio, 119
  vingança, 123
rapidez, 41
rápido, 41
raquítico, 32
raquitismo, 32
raro, 87
rasgar
  destruição, 28
  abertura, 37
rastejo, 63
rastro
  não deixar –, 74

ratificar, 83
razão
  sem –, 125
  causa, 23
  justiça, 124
  inteligência, 130
razoável
  moderação, 133
  inteligência, 130
reafirmar, 83
real
  certeza, 77
  exatidão, 81
realçar, 87
realeza, 95
realidade, 81
  dura –, 94
realizar, 27
reanimar, 25
rebaixar, 113
rebanho, 21
rebater, 84
rebelde, 97
rebeldia, 97
rebelião, 97
  levar à –, 97
rebentar, 63
rebento, 13
rebuliço
  agitação, 43
  barulho, 65
recalcitrante, 97
recalcitrar, 97
recatado
  humildade, 113
  pureza, 128
recato, 128
receio, 136
recém-fundado, 13
recém-nascido, 17
recepção, 116
recinto, 30

R

reclamar, 75
recolher, 21
reconciliação, 122
reconciliar, 92
reconciliar-se, 122
reconhecer, 79
reconstituir, 25
recorrer
– às armas, 91
recrutar, 91
recuar, 135
recuar-se, 42
recurso(s)
riqueza, 101
falta de –, 102
ter poucos –, 102
recusa
negação, 84
desobediência, 97
recusar, 84
rédea, 95
redor
ao – (de), 34
em –, 34
redução, 10
redundar em, 23
redutível, 10
reduzir-se
– a pó, 28, 94
refestelar-se, 53
refletir
luz, 67
atenção, 75
inteligência, 130
reflexão
atenção, 75
inteligência, 130
reflexo, 24
ser o – de, 24
reforçado, 31
reforçar, 25
reforço, 9

refrear, 42
refrescar, 49
refrigério, 133
refulgente, 67
refulgir, 67
refutado, 82
refutar, 84
regalado, 59
regalar-se
prazer, 53, 104
regalia, 99
regar, 49
regência, 95
regozijar-se, 106
regozijo
prazer, 104
alegria, 106
regra, 11
estar em –, 11
regrado, 130
regulado, 11
regular, 130
regularidade
ordem, 11
simetria, 35
exatidão, 81
regularmente
funcionar –, 11
rei
ser – de si mesmo, 99
trazer o – na
barriga, 112
reinado, 95
reino
superioridade, 7
autoridade, 95
rejeição, 84
rejeitado, 119
rejeitar, 84
rejubilar-se
prazer, 104
alegria, 106

relações
– íntimas, 114
– tensas, 115
cortar as –, 115
estreitamento de –, 114
estreitar as – com, 114
ter – com, 114
relacionar-se, 114
relâmpago, 41
relampear, 67
relampejar, 67
relapso, 97
relaxação, 133
relaxar, 133
relento, 49
reles
inferioridade, 8
insignificância, 88
relevância, 87
relevante, 87
relutância, 97
reluzir, 67
remanso
repouso, 40
silêncio, 64
moderação, 133
remar, 39
remate
fim, 14
efeito, 24
remexer-se, 39
remir, 122
remoto, 33
remunerar, 89
renascer, 13
renda, 101
rendeiro, 29
render-se
– aos anos, 18
rendoso, 89
renúncia
negação, 84

R

anarquia, 96
renunciar, 96
rente (de, a, com), 34
reparo, 75
repartir
  parte, 2
  dispersão, 22
repelente
  ódio, 119
  impureza, 129
repercussão, 24
repercutir, 87
repicar
  som, 63
  barulho, 65
repinicar, 63
repique, 63
repleto, 21
repolhudo, 31
repousar, 40
repouso, 40
  morte, 48
represália, 123
represar, 38
reprimir
  oposição, 85
  moderação, 133
reprodutor, 27
repúdio, 84
repugnância
  amargura, 60
  ódio, 119
repugnante
  fedor, 62
  fealdade, 109
repugnar, 60
repulsa, 85
repulsão, 120
  sentimento de –, 60
repulsivo
  amargura, 60
  fealdade, 109

ódio, 119
impureza, 129
requinte, 108
resfriamento, 133
residência, 30
residente, 29
resignação
  obediência, 98
  humildade, 113
resignado
  obediência, 98
  humildade, 113
resignar-se, 113
resistência
  permanência, 20
  força, 25
  oposição, 85
resistente
  força, 25
  oposição, 85
  desobediência, 97
resistir (a)
  permanência, 20
  oposição, 85
  desobediência, 97
  sentimento, 103
resmungar, 120
resoluto, 134
respeitado, 87
respeitar, 126
respeitável
  importância, 87
  respeito, 126
respeito, 126
  cortesia, 116
respeitoso
  cortesia, 116
  respeito, 126
respirar, 47
resplandecência, 67
resplandecer, 67
responder

  – asperamente, 117
responsável
  ser – por, 23
ressabiado, 107
ressaltar, 87
ressalva, 83
ressecado, 50
ressecar, 50
ressentido, 120
ressentimento, 120
  inimizade, 115
  ódio, 119
ressentir-se, 120
ressequido, 32
ressequir, 50
ressonância, 63
ressonante, 63
restituir
  – a paz, 92
restrição, 10
restringir, 10
restrito, 32
resultado, 24
  – favorável, 93
  ter bom –, 93
resultante de, 24
resultar, 24
resumir, 10
retalhado, 2
retalho, 32
retaliação, 123
retaliar, 123
retidão, 124
  proceder com –, 124
retirado, 33
retirar, 10
retirar-se, 74
reto
  justiça, 124
  inteligência, 130
retrair-se, 111
retumbar, 63

R

reumatismo, 54
reunião, 21
reunido, 21
reunir
   reunião, 21
   cooperação, 86
revelia, 97
rever, 75
reverência, 126
reverenciar, 126
reverencioso, 126
reverente, 116
revidar, 123
revide, 123
revigorar, 25
reviravolta, 19
revistar, 75
revogação, 28
revolta, 97
revoltado, 97
revoltar-se contra, 119
revolto, 132
revoltoso, 97
revolução, 97
revolucionar, 97
revolucionário, 97
revolver-se, 132
rezar, 66
ricaço, 101
rico
   podre de –, 101
   ser –, 101
   prazer, 53
   riqueza, 101
   beleza, 108
ridicularizar, 127
ridículo, 131
rigidez, 117
rigor, 81
rigoroso
   exatidão, 81
   autoridade, 95

rijeza, 25
riqueza, 101
   detentor de –, 101
   nadar em –, 101
riscar, 28
riso, 106
   murchar-se o –, 107
risonho
   prazer, 104
   alegria, 106
rispidez, 117
ríspido, 117
ritmado, 11
rítmico, 11
ritmo, 11
rival
   sem –, 7
   igualdade, 3
   oposição, 85
   guerra, 91
rivalidade
   oposição, 85
   guerra, 91
rivalizar-se, 3
rixa, 91
robustecer, 25
robustecer-se, 9
robustez, 25
robusto, 31
roçar, 28
roceiro, 29
rocio, 49
rodear, 114
rombo, 37
Romeu
   – e Julieta, 118
romper
   – com alguém, 115
   – o dia, 15
   ao – da manhã, 15
rompimento, 28
roncar, 63

rosa
   mar de –, 104
   fragrância, 61
   beleza, 108
rosnar, 66
rosto, 73
   ter o – carregado, 107
rotina
   ordem, 11
   permanência, 20
roto
   abertura, 37
   pobreza, 102
rouco, 66
rua, 30
rubor
   sentimento, 103
   humildade, 113
ruborizar-se, 103
rude
   ser –, 117
   descortesia, 117
   desrespeito, 127
   violência, 132
   imbecilidade, 131
rudez, 117
rudeza, 131
rudimentar, 13
rufar, 63
ruflar, 63
ruflo, 63
rufo
   – de tambores, 91
rugido
   som, 63
   barulho, 65
rugir
   – como um leão, 132
   som, 63
   barulho, 65
ruído
   som, 63

barulho, 65
sussurro, 66
ruidoso
  som, 63
  barulho, 65
  violência, 132
ruim, 119
ruína
  a caminho da –, 28
  destruição, 28
  insucesso, 94
ruir
  – por terra, 28, 94
rumo
  mudar de –, 19
rumor
  som, 63
  sussurro, 66
rumorejar, 63
ruptura, 28
rural, 30
rusticidade, 117
rústico, 30
rutilante, 67

S

sabedoria
  conhecimento, 79
  justiça, 124
  inteligência, 130
saber, 79
  – pela rama, 80
  ser uma mina de –, 79
sabido, 130
sábio, 130
sabor, 59
  estar sem –, 58
  prazer, 53
  prazer, 104

saborear
  prazer, 53
  gosto, 57
  sabor, 59
  prazer, 104
saborosidade, 59
saboroso
  ser –, 59
  gosto, 57
  sabor, 59
sacada, 30
sacar
  – da espada, 91
saci-pererê, 136
saco
  meter a viola no –, 64
sacrificar, 28
sacro, 126
sadio, 130
safado, 117
safar-se, 41
sagacidade, 130
sagaz, 130
sagrado, 126
saída, 74
sair, 24
  – perdendo, 4
  ao – do sol, 15
saldar, 123
salientar, 75
salobro, 60
salpicado, 49
salpicar, 49
salpicos, 49
saltar, 41
sândalo, 61
sandeu, 131
sangrar
  dor, 54
  sofrimento, 105
sangrentas
  lutas –, 91

sangue
  banhar o país em –, 91
  subir o – à cabeça, 120
sanha, 120
são, 130
sapatear
  agitação, 43
  ressentimento, 120
sapiência, 130
sapiente, 130
sapo
  feio como –, 109
saporífero, 57
saporífico, 57
saracoteio, 43
sarcasmo, 127
sarcástico, 127
sarda, 74
satisfação, 104
satisfeito, 104
saudação
  carícia, 121
  respeito, 126
saudade, 107
saudar, 116
saudável, 89
seca, 50
seção, 2
secar, 50
seco
  estar –, 50
  secura, 50
  descortesia, 117
secundário
  inferioridade, 8
  insignificância, 88
secura, 50
sedentário, 40
sedento
  sentimento, 103
  desejo, 110
sedução

prazer, 53
prazer, 104
beleza, 108
desejo, 110
impureza, 129
sedutor
  beleza, 108
  desejo, 110
  amor, 118
seduzir
  beleza, 108
  amor, 118
  impureza, 129
segmento, 2
segredar, 66
segurança, 81
segurar, 45
seguro
  certeza, 77
  exatidão, 81
seio
  estreitar ao –, 121
selvagem
  fealdade, 109
  descortesia, 117
  violência, 132
semblante
  carregar o –, 107
  aparecimento, 73
  sentimento, 103
semear, 22
semelhar-se, 73
semimorto, 48
semivivo, 48
senil, 18
senilidade, 18
sênior, 18
sensaboria, 58
sensação
  causar –, 51
  ter – agradáveis, 104
  sensibilidade, 51

sentimento, 103
sensato, 130
sensibilidade, 51
  – tátil, 45
  estar privado da
  – tátil, 46
sensibilizado, 103
sensibilizador, 51
sensibilizar, 51
sensibilizar-se, 103
sensitivo
  sensibilidade, 51
  sentimento, 103
sensível
  ser –, 51
  tornar –, 51
  sensibilidade, 51
  comichão, 44
  sentimento, 103
senso
  bom –, 124, 130
  não ter bom –, 131
  não ter –, 131
sensual, 53
sensualidade
  prazer, 53
  impureza, 129
sentido
  sensibilidade, 51
  tristeza, 107
sentimental, 107
sentimentalismo, 103
sentimento, 103
  – de repulsão, 60
sentir
  – prazer, 53
  sensibilidade, 51
  tato, 45
  sentimento, 103
  prazer, 104
  sofrimento, 105
senzala, 30

separado, 22
separar-se, 111
sepulcral
  silêncio –, 64
sepultura
  descer à –, 48
sequidão, 50
sequioso, 110
  estar –, 110
ser
  – mais que, 7
serenar, 133
serenata, 121
serenidade, 133
sereno
  apanhar –, 49
  lentidão, 42
  umidade, 49
  moderação, 133
seriação, 11
seriado, 11
serial, 11
seriamente, 83
série, 21
seriedade
  importância, 87
  tristeza, 107
sério
  atenção, 75
  importância, 87
  tristeza, 107
  inteligência, 130
sertanejo, 29
serventia, 89
serviço, 89
servidão, 100
servil, 113
servir
  utilidade, 89
  sujeição, 100
servir-se, 116
severidade

s

exatidão, 81
descortesia, 117
severo
 dor, 54
 autoridade, 95
Sibéria, 56
siberiano, 56
sibilar, 63
significação, 87
significar, 87
 – *nada*, 88
silenciar, 64
silêncio, 64
 – *absoluto*, 64
 – *completo*, 64
 – *gélido*, 64
 – *mortal*, 64
 – *sepulcral*, 64
 fazer –, 64
 repouso, 40
silencioso, 64
silvar, 63
silvícola, 29
sim, 83
simetria, 35
 falta de –, 109
 violar a –, 36
 igualdade, 3
 ordem, 11
simétrico
 igualdade, 3
 ordem, 11
 simetria, 35
similaridade, 3
simpatia
 sentimento, 103
 desejo, 110
 amizade, 114
 amor, 118
simpático
 beleza, 108
 amor, 118

simpatizar com
 amizade, 114
 amor, 118
simples
 pouquidão, 6
 ordem, 11
 humildade, 113
simplicidade
 pureza, 128
 imbecilidade, 131
simplificação, 10
simplificar, 10
sinal
 dar – *de vida*, 39
sinceridade
 – *de coração*, 103
sincero
 amizade –, 114
 amor –, 118
 sentimento, 103
 cortesia, 116
 carícia, 121
sindicato, 86
singeleza, 128
singelo, 113
sinistro, 136
sinônimo, 3
siso, 130
sistema, 11
sistemático, 11
sítio
 morada, 30
 fechamento, 38
soar, 63
 – *a hora fatal*, 48
soberano
 superioridade, 7
 força, 25
 liberdade, 99
soberania, 95
 – *popular*, 99
soberba, 112

soberbo, 112
sobreloja, 30
sobrepujar, 93
sobressair, 87
sobressaltar-se
 sentimento, 103
 medo, 136
sobressalto
 dor, 54
 sentimento, 103
 medo, 136
sobriedade, 133
socar, 91
sociedade, 86
 fazer –, 86
soçobrado, 94
soçobrar
 destruição, 28
 insucesso, 94
socorrer, 89
sofredor, 105
sôfrego
 desejo, 110
 violência, 132
sofrer
 sentimento, 103
 sofrimento, 105
sofrimento, 105
 dor, 54
 sentimento, 103
sofrível
 pouquidão, 6
 insignificância, 88
sol, 67
 – *posto*, 16
 – *poente*, 16
 ao cair do –, 16
 ao levantar do –, 15
 ao sair do –, 15
 com o – *empinado*, 15
 nascer do –, 15
solapar, 28

solene, 108
soletrar, 80
solicitante, 110
solicitar, 75
solícito, 89
solidariedade, 86
solidário, 86
solidez
  força, 25
  certeza, 77
  inteligência, 130
solidificar, 25
sólido
  força, 25
  exatidão, 81
sol-posto, 16
solto, 99
soluçar, 63
som, 63
somar, 21
sombra
  fazer –, 68
  nem por –, 84
  umidade, 49
  obscuridade, 68
  medo, 136
sombrear, 68
sombrio
  obscuridade, 68
  tristeza, 107
sonhador, 76
sonhar, 76
sonho, 110
sono
  – dos justos, 48
  – dos mortos, 48
  último –, 48
  repouso, 40
  insensibilidade, 52
sonolência
  lentidão, 42
  insensibilidade, 52

sonolento
  lentidão, 42
  desatenção, 76
sonoridade, 63
sonoroso, 65
sopro, 47
sorridente, 106
sorrir
  prazer, 53
  carícia, 121
sorriso
  reprimir o –, 107
  prazer, 53, 104
sorte
  boa –, 93
  não ter –, 94
  prazer, 104
sorver, 104
sossegado
  repouso, 40
  paz, 92
  moderação, 133
sossegar
  repouso, 40
  paz, 92
  moderação, 133
sossego
  repouso, 40
  lentidão, 42
  silêncio, 64
  paz, 92
  moderação, 133
soturno, 68
suar, 55
suave(s)
  de formas –, 108
  prazer, 53
  sussurro, 66
  acromatismo, 70
  beleza, 108
  amor, 118
  moderação, 133

suavidade
  prazer, 53
  humildade, 113
  moderação, 133
suavizar, 133
subalterno
  inferioridade, 8
  sujeição, 100
subida
  aumento, 9
  autoridade, 95
subir, 9
  – ao céu, 48
subjugar
  sujeição, 100
  moderação, 133
sublevação, 97
sublime, 108
sublinhar, 75
submeter-se, 100
  – à vontade de, 98
  não –, 97
submissão
  obediência, 98
  sujeição, 100
  humildade, 113
submisso
  obediência, 98
  humildade, 113
  respeito, 126
subordinação
  inferioridade, 8
  obediência, 98
  sujeição, 100
subordinado
  inferioridade, 8
  sujeição, 100
substância, 87
subtração, 10
subtrair, 10
suburbano, 30
subúrbio

S T

morada, 30
proximidade, 34
subversivo
　destruição, 28
　desobediência, 97
suceder, 93
sucesso, 93
suculento, 59
sucumbir
　morte, 48
　tristeza, 107
sucursal, 2
sufocado
　silêncio, 64
　sussurro, 66
sufocante, 55
sufocar, 28
sufocar-se, 103
sujeição, 100
　inferioridade, 8
　insucesso, 94
　obediência, 98
sujeitar-se, 98
sujeito (a)
　estar –, 100
　incerteza, 78
　sujeição, 100
sujo, 129
sul
　de norte a –, 33
　extremo –, 33
sumiço, 74
　dar – a, 28
sumido
　distância, 33
　desaparecimento, 74
sumidouro, 74
sumir-se
　fim, 14
　distância, 33
　desaparecimento, 74
suntuosidade, 108

suntuoso
　riqueza, 101
　beleza, 108
suor
　– frio, 136
　nadar em –, 55
　ter – frios, 105
superar
　superioridade, 7
　sucesso, 93
superficial, 88
superior
　ser –, 7
　desigualdade, 4
　superioridade, 7
　importância, 87
superioridade, 7
　desigualdade, 4
supimpa, 59
suplantar, 7
suplicante, 110
suplício, 54
supor, 78
suportar, 103
supremacia, 7
supremo
　superioridade, 7
　autoridade, 95
supressão, 28
suprimir, 28
surdo
　fazer-se de –, 76
　sussurro, 66
surgir
　manhã, 15
　aparecimento, 73
surpreendente, 5
surpreso, 76
sururu, 43
suserania, 95
suspeita(s), 136
　nutrir –, 78

suspeitar, 78
suspeito, 125
suspirar (por)
　som, 63
　sussurro, 66
　desejo, 110
　amor, 118
suspiro, 66
　dar o último –, 48
sussurrante, 66
sussurrar, 63
sussurro, 66
sustentar, 83
sutil
　sensibilidade, 51
　inteligência, 130
sutileza, 130

T

tacanhez, 131
talento
　conhecimento, 79
　inteligência, 130
tamanho, 31
tambor(es)
　rufo de –, 91
tanger, 63
tapado
　ignorância, 80
　imbecilidade, 131
tapar
　– a boca, 64
　– os olhos, 76
tarde, 16
　à –, 16
　ir caindo a –, 16
tardio, 42
tartaruga, 42
tatear, 45

T

tátil, 45
  sensibilidade –, 45
  estar privado da
  sensibilidade –, 46
tato, 45
tavema, 30
taxativo
  certeza, 77
  afirmação, 83
  autoridade, 95
tecer, 27
tédio, 107
telegráfico, 41
temer, 136
  não – concorrência, 7
temor, 136
temperado, 133
temperança, 133
temperatura
  – elevada, 55
  baixa –, 56
tempestuoso, 132
tempo
  limpar o –, 50
tenacidade, 25
tenebroso
  tarde, 16
  obscuridade, 68
tenro
  – idade, 17
  fraqueza, 26
  acromatismo, 70
tensas
  relações –, 115
tentação
  beleza, 108
  desejo, 110
tentador
  sabor, 59
  beleza, 108
  desejo, 110
tento, 130

tênue
  pouquidão, 6
  fraqueza, 26
teocracia, 95
teoria, 79
ter, 73
térmico, 55
terminado, 14
terminal, 14
terminante
  certeza, 77
  exatidão, 81
terminar, 14
  – os dias, 48
término, 14
termo
  – fatal, 48
  chegar a bom –, 14, 93
  meio- –, 133
terno
  amor, 118
  carícia, 121
ternura
  sentir – por, 118
  amor, 118
  carícia, 121
terra
  deitar por –, 28
  ruir por –, 28, 94
terreno(a)
  fim da vida –, 48
  perder –, 8, 42
terrível, 54
terror, 136
tesourar, 2
testemunho, 83
testudo, 36
teto, 30
tétrico, 136
textual, 81
tilintar, 66
timbre, 63

timidez
  humildade, 113
  medo, 136
tímido
  anarquia, 96
  humildade, 113
  medo, 136
tingir, 69
tinir
  barulho, 65
  sussurro, 66
tino, 130
tinta, 69
tinto, 69
tintura, 69
tique-taque, 63
tiquetaquear, 63
tiritar, 56
  o – de queixo, 56, 136
tiro
  – de misericórdia, 14
titã, 31
titubear, 94
titular
  ser o – de, 95
tocar, 63
todo, 1
toldar, 68
tolerância
  anarquia, 96
  sentimento, 103
tolerante, 122
tolerável, 133
tolice, 131
  dizer –, 131
tolo, 131
tom
  bom- –, 116
tombar, 94
tonalidade, 69
tonelada, 5
tonelagem, 31

T

tontice, 131
topetudo, 134
torcer, 54
tormento
   dor, 54
   sofrimento, 105
tormentoso, 132
tornar
   – igual, 3
   – uno, 1
torno
   em –, 34
torpor, 52
torrentoso, 132
tórrido, 55
torto, 36
tortuosidade, 36
tortura
   dor, 54
   sofrimento, 105
torturar, 54
tosco, 8
total, 1
totalidade, 1
totalitarismo, 95
totalizar, 1
touro, 25
trabalhar
   – em vão, 90, 94
trabalho, 27
   – em vão, 90
traduzir, 24
tragédia, 105
trágico, 103
trajeto, 39
trajetória, 39
trajo, 73
trama, 86
tramar, 86
tranca, 38
trancamento, 38
trancar, 38

tranquilidade
   repouso, 40
   silêncio, 64
   paz, 92
   moderação, 133
tranquilização, 133
tranquilizar
   paz, 92
   moderação, 133
tranquilo(a)
   repouso, 40
   vida –, 104
   moderação, 133
transcendência, 7
transcender
   grandeza, 5
   superioridade, 7
transe, 105
transfigurar, 19
transformação, 19
   operar uma –, 19
transformar, 19
transgressão, 97
transgressor, 97
transição, 19
transitar, 39
trânsito, 39
transpirar
   umidade, 49
   calor, 55
transtorno, 12
   insucesso, 94
   sofrimento, 105
transviar, 129
trapalhada, 12
traquinada, 39
traquinagem, 106
traquinice, 39
trauma, 54
traumático, 54
traumatismo, 54
travar

   – combate, 91
travessa, 30
travessia, 37
travessura
   movimento, 39
   alegria, 106
trazer
   causa, 23
   aparecimento, 73
trecho, 2
trêfego
   desobediência, 97
   alegria, 106
trégua, 92
tremer
   agitação, 43
   frio, 56
   sentimento, 103
tremor
   sentimento, 103
   medo, 136
   violência, 132
trêmulo
   agitação, 43
   frio, 56
   sentimento, 103
   medo, 136
trevas
   ao cair das –, 16
   obscuridade, 68
   pretidão, 72
trinco, 38
triplicação, 9
triplicar, 9
triste
   sofrimento, 105
   tristeza, 107
tristeza, 107
   consumir-se de –, 107
   sofrimento, 105
tristonho, 107
triturar, 28

T U V

triunfante, 93
triunfar, 93
triunfo, 93
trivial, 88
trivialidade, 88
troar, 63
trocar, 82
tronco, 13
trono, 30
   – supremo, 95
   acesso ao –, 95
   ascender ao –, 95
   subir ao –, 95
tropeçar, 94
trôpego, 42
tropel, 63
tropelia, 39
tropical, 55
trote, 63
trotear, 63
trovão, 65
trovejar, 65
tudo, 1
túmulo
   descer ao –, 48
tumulto
   desordem, 12
   agitação, 43
   desobediência, 97
   violência, 132
tumultuar, 65
tumultuado, 132
tumultuoso, 12
túnel, 37
turbulência, 132
turbulento, 132
turvar, 68
tutelagem, 100

U

ufania, 112
uivar, 63
úlcera, 54
últimas
   estar nas –, 48
último
   – degrau, 14
   inferioridade, 8
   fim, 14
ultrajante, 127
ultrajar, 129
ultraje
   – ao pudor, 129
   violência, 132
ultrapassar, 7
umedecer, 49
umedecido, 49
umidade, 49
   tirar a –, 50
úmido, 49
   estar –, 49
   tornar –, 49
unha
   ser como – e carne, 114
união
   reunião, 21
   cooperação, 86
   amizade, 114
unicolor, 69
unidade, 1
unido, 86
unificar, 1
uniforme, 11
unir, 92
unir-se, 86
universalidade, 1
urbanidade, 116
urbano
   morada, 30
   cortesia, 116

urdir, 27
urtiga, 54
uso, 89
usual, 77
usufruir, 104
usurpação, 125
útil, 89
   ser –, 89
utilidade, 89
   importância, 87

V

vacilante, 26
vacilar
   fraqueza, 26
   erro, 82
vagar
   dispersão, 22
   lentidão, 42
vagareza, 42
vagaroso, 42
   ser –, 42
vago
   sussurro, 66
   incerteza, 78
vaiar, 127
vaidade
   inutilidade, 90
   orgulho, 112
vaivém, 39
valente, 134
valentia, 134
valer
   – tanto como, 3
   berrar a –, 65
valia
   utilidade, 89
valioso, 89
valor

V

importância, 87
utilidade, 89
valoroso
força, 25
guerra, 91
vandalismo
destruição, 28
desrespeito, 127
vangloriar-se, 112
vanguarda, 7
vantajoso, 89
vantagem
levar –, 7
superioridade, 7
utilidade, 89
sucesso, 93
vão
em –, 94
trabalhar em –, 90, 94
trabalho em –, 90
abertura, 37
inutilidade, 90
indiferença, 111
varanda, 30
variação, 19
variar, 19
varonil, 134
varrer, 28
vassalagem
obediência, 98
sujeição, 100
vassourar, 28
vastidão, 31
vasto
grandeza, 5
tamanho, 31
distância, 33
vazio, 90
bolsa –, 102
vedar, 38
veemência
sentimento, 103

violência, 132
veemente, 103
velhice, 18
velho, 18
velocidade, 41
a meia –, 136
moderar a –, 42
movimento, 39
veloz, 41
ser –, 41
vencedor, 93
vencer, 7
vencido, 94
venda
ter – nos olhos, 80
veneração, 126
venerar, 126
venerável, 126
venéreo, 129
vênia
carícia, 121
respeito, 126
ventania, 41
ventilado, 37
ventilar, 37
vento, 41
– frio, 56
atirar aos –, 22
ventre
sair do – materno, 47
ventura
sucesso, 93
prazer, 104
Vênus, 118
veracidade, 81
veraz, 81
verdade, 81
contrário à –, 82
destituído de –, 82
na –, 77, 83
ser –, 81
verdadeiro, 81

amor –, 118
ser –, 81
vereda, 37
vergonha
sentimento, 103
humildade, 113
pureza, 128
vergonhoso, 129
verídico, 81
vermelho
ficar –, 103
versado em, 79
vertiginosa
carreira –, 41
Vésper, 16
véspera, 16
vesperal, 16
vespertino, 16
surgir a estrela –, 16
vestíbulo, 30
vestígio
não deixar –, 74
não haver – de
dúvida, 77
vestuário, 73
véu, 68
vexame
sofrimento, 105
humildade, 113
desrespeito, 127
vexar, 113
vexatório, 113
vibração, 63
vibrante, 65
vibrar
agitação, 43
som, 63
sentimento, 103
vida, 47
– agradável, 104
– cômoda, 104
– tranquila, 104

V

crepúsculo da –, 18
dar a – por, 118
dar sinal de –, 39
deixar a –, 48
estar com –, 47
estar entre a – e a morte, 48
fim da – terrena, 48
inverno da –, 18
levar boa –, 53
outra –, 48
sem –, 48, 105
causa, 23
viela, 30
vigia, 29
vigiar, 75
vigilância, 75
vigor, 25
  perder o –, 26
vigoroso, 25
vil, 135
vilão
  habitante, 29
  desrespeito, 127
vinda, 39
vindo de, 24
vingador, 123
vingança, 123
  espírito de –, 123
vingar, 123
vingativo, 123
  ser –, 123
  ódio, 119
  vingança, 123
viola
  meter a – no saco, 64
violação, 127
  – da lei, 97
violar, 97
  – a simetria, 36
violência, 132
  ressentimento, 120

violento, 41
  mudança –, 28
  ser –, 132
  violência, 132
virar, 19
  – uma nova página, 19
virgem, 128
virgindade, 128
viril, 134
virilidade, 25
virtude, 128
virtuoso, 128
visível
  tornar –, 73
vista
  a perder de –, 33
  à primeira –, 73
  perder de –, 33, 74
  perder-se de –, 5
vital, 47
vitalidade
  força, 25
  vida, 47
vitória
  alcançar a –, 93
  superioridade, 7
  sucesso, 93
vitorioso
  sair –, 93
vivacidade
  luz, 67
  prazer, 104
  alegria, 106
  inteligência, 130
vivaz, 106
vivenda, 30
vivente(s), 47
  ser riscado do livro dos –, 48
viver, 47
  – à larga, 101
  – em paz, 92

  – na opulência, 101
vivificante, 47
vivo
  estar –, 47
  inteligência, 130
  vida, 47
  sensibilidade, 51
  cor, 69
  sentimento, 103
vizinhança, 34
vizinho, 34
voador, 41
voar
  movimento, 39
  velocidade, 41
vociferante, 65
vociferar, 132
volta
  em –, 34
volume, 31
volumoso, 5
volúpia, 53
voluptuosidade, 53
voluptuoso
  prazer, 53
  amor, 118
  impureza, 129
vontade, 110
  não ter – própria, 100
  submeter-se à – de, 98
  ter –, 110
voo, 41
voraz
  destruição, 28
  desejo, 110
votar contra, 85
voz, 63
vozeirão, 65
vulcânico, 55
vulgar
  inferioridade, 8
  insignificância, 88

V X Z

vulgaridade, 88
vulto, 31
  crescer de –, 9
  de grande –, 31
vultoso, 31

X

xeque-mate, 93
xingar, 127

Z

zanga
  sofrimento, 105
  ressentimento, 120
zangado, 120
zangar-se, 120
zeloso, 103
zênite, 7
ziguezague, 43
ziguezaguear, 43
zunido, 65
zunir
  som, 63
  barulho, 65
zunzum, 66

Bibliografia

AZEVEDO, Francisco Ferreira dos Santos. *Dicionário analógico da língua portuguesa*. Brasília: Thesaurus, 1983.
CUNHA, Antônio Geraldo da. *Dicionário etimológico da língua portuguesa*. 2. ed. Rio de Janeiro: Lexikon, 1997.
FERREIRA, Aurélio Buarque de Holanda. *Novo dicionário Aurélio da língua portuguesa*. 3. ed. Curitiba: Positivo, 2004.
NASCENTES, Antenor. *Dicionário de sinônimos*. 3. ed. Rio de Janeiro: Lexikon, 1981.
ROQUETE, José Inácio & FONSECA, José da. *Dicionário dos sinônimos*. Porto: Lello e Irmão, 1974.
SPITZER S. J., Carlos. *Dicionário analógico da língua portuguesa*. 3. ed. Porto Alegre: Globo, 1958.